LES CROCS
DE L'HOMME-TIGRE

Biographie

Michel Amelin est né en 1955. Dévoué aux tout jeunes enfants, il a longtemps enseigné en maternelle avant de diriger un établissement scolaire. Il écrit également des histoires qu'il publie chez Grasset, Nathan et dans les revues de Bayard Presse. Mais il ne faut pas se fier aux apparences, Michel Amelin se passionne aussi pour les intrigues policières, comme le prouvent les nouvelles et les énigmes publiées dans l'*Événement du jeudi*, *La Vie*, *Ça m'intéresse* et *Bonne Soirée.* Son roman *Les jardins du casino* (Édition du Masque) a obtenu le prix du livre policier au festival de Cognac en 1989.

Avis aux lecteurs

Vous êtes nombreux à nous écrire et nous vous en remercions.
Pour être sûrs que votre courrier arrive,
adressez votre correspondance à :

Bayard Éditions
Série Polar gothique
3 / 5, rue Bayard
75008 Paris

Et bravo pour votre Passion de lire !

ILLUSTRATION DE COUVERTURE
MATTHIEU BLANCHIN
ADAPTATION
BRUNO DELL

POLAR GOTHIQUE

LES CROCS DE L'HOMME-TIGRE

MICHEL AMELIN

PASSION DE LIRE
BAYARD POCHE

3, rue Bayard, 75008 Paris
Loi n°49956 du 16 juillet 1949 sur les publications destinées à la jeunesse
Dépôt légal septembre 1998

ISBN : 2 227 738 35 5
ISSN : 1281-623X

Avertissement

Attention, lecteur, tu vas plonger dans le mystère !
Quel secret dissimule ce lieu chargé d'histoire
et de légende ? Quels terribles sentiments
empoisonnent ses habitants ? Où se cache le danger ?
Il te faudra du courage pour découvrir la vérité.
Entre dans l'univers du Polar gothique.
Comme les héros de cette aventure,
tu en sortiras différent.

1

– Un homme-tigre rôde dans la montagne, murmura le père de Charlie Vandamme. Il commande les tribus ngoms.

Charlie, un garçon de treize ans aux yeux bleus et au corps mince, se tenait de l'autre côté de la table de la cuisine. Sa mère et lui n'avaient rien mangé. Des détonations résonnaient dans la ville de Tay Dec, capitale du Dala, un petit pays d'Orient où la famille Vandamme vivait depuis cinq ans.

Brigitte avait fermé les volets pour respecter le couvre-feu décrété par les autorités. Les Ngoms étaient aux portes de la ville et multipliaient les attentats. La semaine dernière, une bombe avait explosé sur le marché, faisant treize morts et une centaine de blessés.

– C'est quoi, un homme-tigre ? demanda Charlie.

Son père soupira :

– C'est un homme-sorcier qui affirme avoir des pouvoirs magiques. Le tigre est considéré dans tous les

pays orientaux comme le symbole de la puissance suprême. Certains disent que le sorcier se transforme vraiment en cet animal puissant pour chasser dans la jungle... C'est un homme-tigre qui a dirigé la révolution des Ngoms. Il règne dans la montagne, autour de Hoa, et c'est là-bas que nous irons.
– Hoa ? s'écria Brigitte en roulant des yeux affolés. Mais tu es fou, Jacques ! Nous n'allons quand même pas quitter la capitale pour nous rendre dans la région la plus dangereuse du Dala, avec cet homme-tigre et ses soldats dans les environs !
Jacques Vandamme se leva et vint poser la main sur la tête de Charlie.
– Mon pauvre vieux ! dit-il à son fils. Ta mère et moi croyions trouver le bonheur au Dala, et voilà que nous sommes plongés au cœur d'une guerre entre les Ngoms et le gouvernement.
Charlie avala sa salive. Depuis une semaine, les étrangers vivaient cloîtrés chez eux. Leurs enfants n'allaient plus à l'école. Les murs du lycée français étaient couverts d'impacts de balles. Ils vivaient tous dans la peur.
Brigitte bondit :
– Nous n'irons certainement pas à Hoa ! Qui t'a mis cette idée dans la tête, Jacques ?
Charlie intervint :
– Maman ! Si nous restons ici, nous serons tués comme les Winkler.
Brigitte se mordit les lèvres. Les Winkler avaient été fauchés par un tir de mitraillette alors qu'ils cherchaient

à gagner l'aéroport. Jacques Vandamme reprit sa place en bout de table. Il avait l'air épuisé.

– Écoutez-moi tous les deux. Je suis bien placé pour savoir ce qui se passe dans ce maudit pays ! Je fais partie du bureau de renseignements des missions étrangères et je connais quelqu'un à Hoa qui nous protégera.

– Personne n'a assez de pouvoir pour nous protéger des rebelles ! lança Brigitte.

– Détrompe-toi ! À Hoa, il y a un étranger très puissant. Il s'appelle Horace De Vries ; c'est un ami de mon père. Horace est marchand d'armes. Il m'a assuré que nous serions tranquilles dans sa maison. Personne ne peut rien contre lui.

– Et pourquoi donc ? demanda Brigitte.

– Parce qu'il possède une cache d'armes dans la montagne. Il a des contacts dans le monde entier et il a épousé une princesse ngom. L'homme-tigre et ses guerriers ne l'attaqueront jamais, car ils savent qu'Horace peut donner des armes au gouvernement et les anéantir tous. Le dernier convoi pour Hoa part demain à l'aube. C'est notre dernière chance avant que la capitale ne soit bloquée par les Ngoms.

2

Le départ du convoi était fixé à cinq heures du matin. Jacques Vandamme réveilla sa femme et son fils à trois heures.

Ils quittèrent l'appartement et marchèrent dans les rues de Tay Dec jusqu'à la place du marché, lieu du regroupement. Charlie, comme ses parents, portait deux valises bourrées de vêtements.

Les réverbères étaient éteints en raison du couvre-feu. Au carrefour Tho, deux hommes en armes bondirent d'une porte cochère :

– HALTE !

Les soldats portaient des cartouchières et des mitraillettes. Le plus jeune mit Charlie en joue.

– Jacques ! hurla Brigitte. Il va nous tuer !

– Ne crie pas, répondit Vandamme d'un ton étrangement calme.

Il parlementa dans la langue dalaise avec le sergent. Ce dernier hocha la tête. Sous la menace de la mitraillette, Charlie se tenait aussi raide qu'une statue. Soudain, le soldat en face de lui fit un clin d'œil, éclata de rire et baissa son arme.

Brigitte prit la main de son fils. Elle se retenait de pleurer.

– Il voulait seulement me faire peur, murmura Charlie pour la rassurer.

Vandamme exhiba le sauf-conduit signé par le gouverneur de Tay Dec.

– Hoa ? demanda le sergent en lisant le papier.

– Oui, c'est là que nous allons, dit Jacques en français. Le convoi démarre de la place du marché.

– Beau pays ! s'exclama le sergent dans la même langue. Vacances ?

« Des vacances ! pensa Charlie. Ce militaire croit-il vraiment que nous partons en vacances à trois heures du matin dans une ville en pleine guerre ? »

Il ne quittait pas du regard le jeune Dalais en treillis armé de la mitraillette. Il jouait au plus malin. Il semblait capable de tout. Charlie trembla à la pensée qu'il pouvait les tuer, lui et ses parents, si le sergent en donnait l'ordre.

– Bonnes vacances ! lança le gradé en leur rendant le sauf-conduit. Vous protégés pendant le voyage. Sans danger. Pas de Ngoms.

– C'est ça ! répondit Vandamme en s'inclinant légèrement. Nous serons très protégés.

La jeune sentinelle écarta les jambes et fit semblant de mitrailler devant elle :

– Ngoms ! Tatatatatatata ! Plus de Ngoms ! Tatatatata !

– Allez, viens ! dit Brigitte en entraînant Charlie.

3

Quand ils arrivèrent sur la place du marché, ils ne reconnurent plus l'endroit. Où étaient passées les couleurs et l'animation ? La sinistre étendue de goudron miroitait dans la nuit.
Groupés au centre comme un troupeau de buffles, des camions ronronnaient, tous feux éteints. Charlie suivit ses parents, les yeux fixés sur le sol. Il avait peur de marcher dans les flaques de sang séché que l'on distinguait encore, plus noires que le macadam.
Un cordon de sécurité entourait le convoi. Vandamme rejoignit les militaires.
– Nous partons pour longtemps ? demanda Charlie, resté seul avec sa mère.
– Comment veux-tu que je le sache ? répondit Brigitte avec colère. Nous sommes bien obligés de suivre ton père. Et il ne me dit presque rien !
Charlie se tut. Sa mère semblait au bord des larmes. Il posa ses deux valises par terre.

– Papa n'en sait peut-être pas plus que nous ? dit-il pour le défendre.
Brigitte se tourna vers son fils :
– Je voudrais n'avoir jamais quitté la Belgique ! Là-bas, ils sont en paix, heureux, sans souci. Tandis que nous...
Brigitte avait caché ses cheveux blonds sous un foulard noir. Elle avait revêtu cette tenue orientale pour dissimuler son physique d'Européenne.
Charlie espérait que son père ne se trompait pas. Pouvait-on faire confiance à un marchand d'armes, même le plus puissant du pays ? Charlie ferma les yeux. Dans son esprit, l'image d'un homme-tigre aux pouvoirs extraordinaires se mélangea avec celle d'une grotte secrète remplie de missiles et de mitraillettes. Pourquoi Horace De Vries, s'il était si important, ne pouvait-il pas ramener la paix au Dala ?
Brigitte s'impatienta :
– Mais que fiche ton père ? Ça fait un quart d'heure qu'il est parti !
La silhouette de Vandamme apparut et avança vers eux.
– Alors ? demanda Brigitte, le souffle court.
– Pas de problème. De Vries avait raison. C'est bien le dernier convoi. Dès demain, la ville de Tay Dec sera probablement bloquée par les Ngoms.
– Et les autres, Papa ? interrogea Charlie.
– Quels autres ?
– Nos amis, les familles étrangères comme nous...
– Tout le monde se débrouille, Charlie. Certains,

comme les Winkler ont fait le mauvais choix. D'autres préfèrent rester. Grâce à De Vries, nous partons à Hoa. C'est chacun pour soi, Charlie. Maintenant, c'est comme à la roulette russe : si on perd, on est mort.

4

Le convoi était constitué de trois camions militaires, d'un fourgon appartenant à des commerçants chinois, d'un autobus, d'une Jeep et d'une auto-mitrailleuse. Les vitres de l'autobus étaient protégées avec des plaques de tôle. Des drapeaux couverts de signes porte-bonheur étaient plantés sur les côtés du fourgon chinois. Le chauffeur de l'autobus, un petit bonhomme souriant et affairé, poussa des cris devant les bagages des Vandamme.

– Pas la place ! Pas la place !

– Là-haut ! dit Brigitte en montrant la galerie où s'entassaient une montagne de sacs et de valises.

– Pas la place ! Coffre plein. Enlevez trois valises !

– TROIS !

– Sinon pas monter !

Charlie ne pouvait pas voir les gens installés à l'intérieur du véhicule.

Les plaques de tôle sur les vitres suffiraient-elles à

les protéger ? Certaines balles pouvaient transpercer les blindages les plus épais.
Brigitte n'avait pas le choix. Elle accepta de se séparer de la moitié des bagages. Elle ouvrit les valises pour trier les vêtements. Elle transféra des tailleurs, une robe du soir et un smoking dans trois valises qu'elle abandonna sur un tas de bagages laissés par les autres passagers du car.
Dans l'autobus, Charlie vit des rangées de visages inquiets. Ils étaient les seuls Européens. Beaucoup de passagers étaient de riches commerçants ou des fonctionnaires dalais. Originaires de Hoa, ils retournaient se réfugier auprès de leur famille. Une grosse femme se poussa pour laisser Charlie s'installer. Jacques et Brigitte trouvèrent deux places libres à l'arrière, entre une cage contenant trois poules et un grand Chinois qui fumait le cigare.
Il régnait une chaleur intenable dans l'habitacle. La femme près de Charlie se tortilla pour sortir de sa poche des fruits confits. Elle en offrit à Charlie. Il prit un abricot. Elle lui sourit. Comme on ne voyait pas ses dents, peintes en noir, sa bouche ressemblait à une petite caverne.
Dans la chaleur moite, on entendait seulement quelques paroles brèves et étouffées. En fait, chacun écoutait les appels des militaires, le ronronnement des moteurs, les grésillements des radios dans les camions. On attendait le départ.
Le temps passa. Charlie n'osa pas se lever pour rejoindre ses parents, car il avait peur que quelqu'un

n'en profite pour prendre sa place. La chaleur devint étouffante. Les parfums capiteux de certaines femmes étaient étourdissants. L'attente devint de plus en plus tendue. Il était cinq heures du matin. Personne ne parlait. Les cœurs battaient à l'unisson. Au loin, des coups de feu retentirent. Les Ngoms approchaient !

Personne ne bougea. Une odeur aigre de sueur flottait dans le véhicule.

Le chauffeur s'installa derrière le volant. Il parut se concentrer comme un champion de Formule 1 avant le départ.

À travers le pare-brise, Charlie vit que les camions militaires manœuvraient enfin. Des soldats, grimpés à l'arrière, s'assirent sur leur chargement de caisses et rabattirent leur bâche.

Le fourgon chinois suivit le mouvement. Tel un chien de berger, la Jeep tourna autour des véhicules pour atteindre l'avant du convoi. L'autobus et la voiture-mitrailleuse se placèrent dans la file.

Le ciel s'éclaircit. Le jour se levait sur Tay Dec. Des gens sortis de nulle part entouraient déjà les bagages abandonnés. Ils allaient se partager ce butin inespéré.

« Je quitte cet endroit pour toujours », pensa Charlie.

5

Ils sortirent de la capitale. Le convoi roulait prudemment pour ne pas renverser les cyclos chargés de paniers. La vie continuait malgré la tension de la guerre... De temps en temps, des camions rouillés ou des charrettes à bras ralentissaient la colonne. La Jeep klaxonnait alors avec rage et le convoi passait bruyamment sous le regard impassible des témoins. Régulièrement, ils croisaient des groupes militaires arrêtés sur le bas-côté.

Le convoi entra bientôt dans la plaine couverte de plantations d'hévéas. Les toits des riches villas des propriétaires étrangers se distinguaient au-dessus du rideau de végétation.

Charlie s'endormit. Dans son rêve, il était un agent secret qui, comme James Bond, découvrait la cachette de l'empereur du Mal. Il marchait entre des caisses immenses quand une grosse patte de tigre sortit de l'ombre et le frappa à l'épaule.

Charlie se réveilla en sursaut. Son père se tenait dans l'allée près de lui. C'était lui qui le secouait :
– Nous en avons pour un bon moment, dit-il. Hoa est à quatre cents kilomètres. Tiens, voici un sandwich.
Charlie le prit. Jacques lui sourit.
– Et les habitants de ces villas ? Ils sont partis, eux aussi ? demanda Charlie d'une voix pâteuse.
– Bien sûr que non. Ils tiennent trop à leur caoutchouc ! Ils s'organisent entre eux, mais je suis certain que l'armée ne les protégera pas contre les Ngoms de l'homme-tigre. Tiens, prends ça aussi.
Charlie baissa les yeux et vit que son père lui tendait son propre passeport et un sauf-conduit à son nom.
– Pourquoi tu ne les gardes pas ?
– Parce que l'on ne sait jamais ce qui peut arriver.
Un frisson glacé parcourut le dos de Charlie.
– Tu veux dire qu'on va être attaqués par les révolutionnaires, c'est ça ?
– Je préfère que tu gardes tes papiers sur toi, juste au cas où...
Charlie glissa le passeport et le sauf-conduit dans sa poche.
– Ne dis pas à ta mère que je te les ai donnés, souffla Jacques Vandamme. Elle aurait peur que cela te porte malheur.
Son père retourna à l'arrière. L'adolescent avait la gorge sèche.

Sa grosse voisine s'endormit sur l'épaule de Charlie. Il ne la repoussa pas, ce contact le rassurait.

Le jour s'était levé et la forêt avait remplacé les plantations. Parfois, le convoi dépassait des villages, ou des carrefours isolés. On ne voyait plus de soldats du gouvernement.
Le voyage était d'un ennui mortel. Il fallait bouger le moins possible pour ne pas être poisseux de sueur. Mais les cahots faisaient sauter les passagers sur leur siège. La chaleur était infernale.
Charlie luttait contre le sommeil. Le chauffeur se tenait droit derrière son volant. Pour s'occuper, le jeune passager se mit à observer les manœuvres. Les vitesses étaient automatiques et la conduite assistée. Le chauffeur n'avait qu'à jouer avec les pédales d'accélération et de frein tout en maintenant le volant. Il fixait la route et jetait de fréquents coups d'œil dans ses rétroviseurs. Charlie comprit qu'il surveillait les fossés pour parer à une attaque-surprise.
Le convoi s'arrêta dans un minuscule village appelé Long Ninh. Un grand bâtiment poussiéreux tenait lieu de restaurant et de bar. Le propriétaire, un Chinois obèse, s'empressa de servir les passagers du car. Vandamme laissa Brigitte et Charlie près de la pompe à essence et partit à la pêche aux renseignements. Quand il revint, sa femme et son fils buvaient deux canettes de soda arrachées à la foule qui assaillait le comptoir.
– Les nouvelles ne sont pas très bonnes, dit-il. Les Ngoms ont massacré les habitants d'un village à moins de dix kilomètres d'ici. Mais il semble qu'ils n'étaient pas nombreux et qu'ils sont partis. Le capitaine m'a

assuré que le secteur était tranquille. Hier, un hélicoptère a patrouillé sans problème.
Brigitte devint livide :
– Tu m'avais dit que les Ngoms se concentraient autour de la capitale ! Et maintenant tu m'annonces qu'ils sont là ? Tout près !
– C'était une petite troupe probablement isolée du reste de l'armée...
– Une petite troupe qui massacre un village ! Nous nous sommes jetés dans la gueule du loup !
– Ne raconte pas de bêtises, chérie. Ce que veulent les Ngoms révolutionnaires, c'est Tay Dec. Quand ils l'auront, ils tiendront le pays. La campagne ne les intéresse pas.
Charlie écrasa sa canette. Il avait peur que ses parents se disputent.
– Nous sommes les seuls Européens dans ce convoi ! lança Brigitte. Partir à Hoa ! C'est ridicule ! Nous serons coincés dans la montagne. Personne ne pourra nous évacuer de là-bas.
– Je fais confiance à Horace De Vries ! répliqua Jacques.
Les moteurs démarrèrent dans un nuage d'oxyde de carbone. La Jeep recommença son manège. Les passagers se ruèrent vers le car.
Jacques poussa Charlie devant lui et jeta à sa femme :
– Si tu veux faire demi-tour, libre à toi.
– C'est malin ! répondit-elle en haussant les épaules.

6

Dix minutes plus tard, Charlie entendit un claquement sec. Il aperçut un trou rond dans une vitre ! Le verre n'avait pas éclaté mais s'était fendu en formant une toile d'araignée. Les passagers se tassèrent sur leurs fauteuils en criant.

– Couche-toi ! hurla la mère de Charlie.

Sa grosse voisine prenait déjà toute la place. Le chauffeur accéléra, ce qui fit tanguer son véhicule. Les passagers hurlèrent encore plus fort, ballottés les uns contre les autres.

Charlie serra les mâchoires : le trou était parfaitement net. Il était dû à une balle.

On les avait attaqués !

Le convoi roula à tombeau ouvert pendant un quart d'heure. Il n'y eut pas d'autres impacts de balle. Mais qu'en était-il pour les autres véhicules ?

Les passagers se réinstallèrent. Personne n'avait été atteint. C'était rassurant.

Charlie se retourna sur son siège pour faire un signe à ses parents. Il vit que sa mère était blanche comme un cadavre et qu'elle gardait les yeux mi-clos, la tête appuyée sur son dossier. Jacques Vandamme avait le front couvert de sueur. Il tenta de sourire et de répondre au signe de son fils, mais un violent cahot le propulsa vers le plafond.
Devant leur véhicule, les fourgons militaires roulaient très vite.
Les minutes recommencèrent à passer lentement. Les hauts arbres couverts de lianes et d'orchidées s'élevaient vers un ciel laiteux. Leurs racines tourmentées avaient défoncé la chaussée. Telles des voûtes végétales, des bambous immenses se penchaient au-dessus de la route. Ils fouettaient au passage le toit des véhicules. Des milliers de feuilles se détachaient pour tourbillonner dans la poussière jaune.
Quand cet atroce voyage allait-il donc finir ?

À mesure que les kilomètres défilaient et qu'on approchait des montagnes, les passagers pensaient s'éloigner du danger. La grosse voisine de Charlie ressortit ses fruits confits. Charlie, lui, ne quittait pas la route des yeux. Il surveillait les réactions du chauffeur.
Il vit soudain s'allumer les feux arrière du fourgon qui les précédait. Leur chauffeur écrasa sa pédale de frein et les passagers furent projetés vers l'avant. Le car se déporta sur la gauche et s'arrêta dans un nuage de poussière.

Charlie se mit debout. Il vit une épaisse fumée noire. Des cris retentirent. Le chauffeur du car enclencha la marche arrière. Le véhicule fit un bond et emboutit l'auto-mitrailleuse qui suivait.
Dans le tohu-bohu qui suivit, Charlie entendit des crépitements de mitraillettes.
Soudain, il y eut une gigantesque explosion.
Les fourgons de tête venaient de s'enflammer !

7

– Les Ngoms ! hurla quelqu'un.

Les flammes léchèrent le pare-brise du car.

L'enfer s'était déclenché au milieu de la route. Une peur panique s'empara des passagers. Ils tombaient sur le sol en priant, grimpaient les uns sur les autres, se battaient.

– MAMAN ! PAPA ! appela Charlie en se sentant piétiné.

Il se débattit et parvint à ramper dans l'allée centrale vers l'avant du car. Il se redressa juste derrière le chauffeur, horrifié par le spectacle.

C'était effroyable. Les premiers véhicules n'étaient que des brasiers. Des militaires survivants s'étaient laissés tomber dans le fossé et tiraient vers la forêt. Des balles ricochaient sur le sol. Une rafale de mitraillette balaya leur pare-brise. Charlie se protégea le visage des éclats de verre. Quand il ouvrit les yeux, il vit que le chauffeur avait basculé sur le côté et qu'il était en sang.

Le convoi était tombé dans un guet-apens !
C'était fichu ! Ils allaient tous mourir !
Des balles tracèrent des lignes de trous dans les tôles tandis qu'une affreuse odeur envahissait le car.
Charlie se recroquevilla derrière le fauteuil du chauffeur. Le pauvre homme était certainement mort. Les hurlements des passagers montèrent encore en puissance. Où se trouvaient ses parents ?
Charlie recula. La fureur se déchaînait autour de lui et il ne pouvait que se faire le plus petit possible.
Il entendit de nouvelles explosions, des cris, des rafales d'armes automatiques. Il fut sans doute le seul à voir le fourgon chinois les doubler. Il les heurta au passage, contourna les premiers véhicules, et fonça sur la route avec ses drapeaux porte-bonheur flottant contre ses flancs multicolores.
Il était passé ! Aucun tir de roquette ne faucha le véhicule. Il disparut à un tournant dans un nuage de poussière.
Il fallait agir ! S'ils restaient ici, ils allaient mourir. Ce n'était qu'une question de secondes.
Charlie repoussa un homme qui le bousculait. Une demi-douzaine de passagers s'écrasait contre la porte pour la faire céder. Une rafale de mitraillette troua le panneau. Le groupe s'effondra en tas.
Charlie saisit le chauffeur par les épaules en évitant de regarder son visage ensanglanté.
C'était la seule chose à faire.
Il devait passer à l'action !

8

Dans les situations difficiles, on peut déployer une force exceptionnelle.
Charlie ne se serait jamais cru capable de tirer un homme mort de son fauteuil. Quand ce fut fait, l'adolescent s'installa à la place du chauffeur.
Par le pare-brise éclaté, on ne voyait que tôles, feu et cadavres noircis allongés sur la route. Les cris des hommes, le crépitement des balles, les détonations sourdes d'explosifs retentissaient partout.
Charlie hésita. Il ne savait pas conduire ! Mais la peur augmenta ses forces. Le moteur du car tournait toujours. Le pied de Charlie appuya sur la pédale d'accélérateur et le véhicule bondit en avant. L'adolescent braqua de toutes ses forces. Le car fonça droit vers le fossé.
Des balles vinrent s'écraser dans le pare-soleil à quelques centimètres du crâne de Charlie. Il serra les dents, tourna le volant et, par miracle, évita le fossé.

Un feu nourri troua la paroi. Charlie se plaqua contre le volant, les yeux au ras du tableau de bord pour éviter les balles.
Pourtant il se moquait d'être blessé. Son seul objectif était de sauver ses parents de cet enfer. Lui seul avait vu le camion chinois filer hors du piège. Lui seul savait que la fuite était possible. S'il n'y avait qu'une chance de survivre sur cent, il fallait la saisir et essayer de passer !
Le moteur du car hoqueta et Charlie crut qu'il allait caler en plein milieu du champ de bataille. Mais la boîte automatique relança le moteur, le véhicule fut propulsé sur la route, contourna les carcasses et fonça droit devant.
Un fracas épouvantable retentit derrière le jeune garçon. Le car faillit se renverser, mais retomba par miracle sur ses roues. Charlie regarda derrière lui. Un nuage noir et puant bouillonnait dans l'habitacle.
Ils étaient touchés !
Charlie appuya sur l'accélérateur. Le car bondit en avant dans un fracas de tôles.

9

La route ! La route ! Charlie ne voulait penser qu'à cela.

Une poussière aveuglante pénétrait dans le car. Les doigts de l'adolescent se cramponnaient sur le volant. Des rameaux de bambous se déchiquetaient contre l'arête du pare-brise. Le pied du jeune conducteur écrasait la pédale.

Charlie serrait les dents. Les yeux pleins de larmes, il priait pour que ses parents soient sortis vivants du terrible choc qui avait secoué le véhicule.

Le paysage s'éclaircit soudain. Charlie distingua au loin la poussière qui s'élevait derrière le fourgon chinois. Il allait rattraper ce camion qui lui avait ouvert la voie de la liberté !

Charlie ne devait surtout pas réfléchir à ce qu'il se passait derrière lui. Agrippant le volant de toutes ses forces, le garçon filait vers la vie ! Il avait gagné ! Il les avait tous sortis de l'enfer...

Charlie roula longtemps avant d'apercevoir distinctement les petits drapeaux du camion chinois. Les hurlements des passagers s'étaient mués en concert de gémissements et de lamentations. Les vivants séparaient les morts et les blessés. Un homme se glissa jusqu'à Charlie. Il lui tapa sur le genou.

C'était un Dalais d'une quarantaine d'années. Dans le vacarme du moteur, il hurla en mauvais français :

– Toi courageux, mais toi stopper ! Moi conduire le car.

Charlie se rendit compte à cet instant que la tension nerveuse l'avait épuisé. Il jeta un regard affolé vers l'homme. Comment arrêter sa course ?

Le Dalais grimaça.

– Toi enlever ton pied de la pédale. Comme ça. Toi freiner avec autre pédale.

Charlie eut du mal à lui obéir. Ses pieds étaient transformés en blocs de pierre. Le car hoqueta, souffla, piqua du nez, tangua et faillit se renverser sur le côté. Deux mains adultes attrapèrent aussitôt le volant pardessus celles de Charlie et redressèrent le véhicule.

Le car s'arrêta enfin dans un vrombissement de moteur. Charlie se tourna. Son cœur cessa de battre.

– Papa ? Maman ? appela-t-il.

Le nuage noir s'était dissipé. À la place des derniers sièges, Charlie vit la route et le paysage.

L'arrière du car n'existait plus !

10

– ILS ÉTAIENT LÀ ! hurla Charlie. Au fond ! Entre une cage à poules et un vieux Chinois !

Ses yeux observaient le désastre, mais son esprit se refusait à accepter ce qu'il voyait.

Conduit par le nouveau chauffeur, le car venait de redémarrer dans un tintamarre assourdissant. Il fonçait à présent au milieu des rizières arrosées par un fleuve, le Mékong.

Et Charlie, tourné vers l'arrière, s'épouvantait à la vue de la route filant entre les parois déchiquetées de l'autobus.

Une roquette avait dû les toucher au moment où Charlie avait évité le fossé. Elle avait arraché la partie du car placée juste au-dessus des roues arrière ! Là où étaient assises les deux personnes que Charlie aimait le plus au monde !

– Papa ! Maman ! appelait-il encore au milieu du chaos.

Des passagers saisirent ses mains pour les couvrir de baisers. Une femme embrassa un pan de sa chemise. Un homme lui caressa les pieds. Quand Charlie baissa les yeux, il vit des visages baignés de larmes, qui le remerciaient de leur avoir sauvé la vie. Mais il n'avait pas besoin de cette gratitude. Ce qui comptait, c'était cet énorme trou ouvert sur les rizières. Ce trou qui avait englouti son père et sa mère.

11

Les yeux fixes, l'esprit vide, Charlie Vandamme se laissa emmener vers Hoa.
L'air chargé de poussière s'engouffrait par l'avant du car et ressortait par l'arrière, déployant les chevelures des femmes et faisant voler les étoffes. Certains passagers tentaient de soigner les blessés en épongeant les plaies et en faisant des garrots, mais personne ne souhaitait que le véhicule s'arrêtât. Il fallait parvenir à destination coûte que coûte.
Les rizières apparurent plus nettement. Elles s'étageaient sur les flancs de la montagne. Hoa était située à mille mètres d'altitude. Déjà l'air fraîchissait. Cela faisait plus de dix heures qu'ils roulaient.
Le car grimpa la route en lacet. Des villageois stupéfaits gesticulaient au passage de la carcasse roulante. Des chapeaux de paille de riz parsemaient les champs comme des champignons pointus.

Plusieurs passagers s'adressèrent à Charlie, mais il ne les écouta pas.
Sa vie était brisée. En sauvant ces inconnus, il avait précipité la mort de ses parents ! Sa vie ne valait plus rien. Il venait de tout perdre... C'était Horace De Vries, le responsable de cette horreur. Lui et l'homme-tigre !
« Je me vengerai, pensa-t-il. Je vous battrai tous ! »
Tandis que le garçon était bringuebalé dans les virages, il pensa à la cache d'armes d'Horace et au pouvoir de l'homme-tigre qui déclenchait les guerres. Il aurait voulu être un héros, détruire les méchants et récompenser les bons.
Mais il n'était qu'un enfant de treize ans laissant là-bas, sur une route étrangère, les cadavres noircis de ses parents.
Soudain, une clameur monta dans le car.
Hoa !

C'était une station balnéaire bâtie sur le modèle d'un village suisse. Au milieu de pins, de cascades et de lacs bleu saphir, des chalets s'accrochaient aux rochers.
Le car dévora la route en lacet. L'air apporta des bouffées fraîches et parfumées. Enfin, le véhicule s'immobilisa sur une place.
Ils étaient arrivés.
Les passagers valides se ruèrent vers la sortie. Comme la porte était bloquée, ils escaladèrent l'avant et sautèrent par le pare-brise. Une foule s'était aussitôt assemblée. Il y eut des cris, des hurlements, des

lamentations. Et tandis que certains survivants se jetaient dans les bras des membres de leur famille et de leurs amis, d'autres habitants de Hoa se précipitaient sur le car pour savoir si leurs proches étaient morts ou blessés.

Charlie était oublié. Emporté par le flot humain, il fut écrasé contre un fauteuil. On enfonça la porte du car. Une cohue de gens y monta en gémissant. Les cadavres et les blessés furent transportés et allongés à même les pavés de la place.

Charlie se retrouva debout au milieu de l'agitation. Il vit que le fourgon chinois était garé plus loin. La foule l'avait abandonné pour courir vers l'autobus. Le regard vague, le marchand était assis sur le marchepied de son véhicule. Un corps était allongé près de lui. Son compagnon de voyage n'avait pas eu la même chance que lui.

Charlie recula pour éviter la bousculade. Il avait mal à la tête. Il ne sentait plus ses membres. Une fatigue extrême s'abattit brusquement sur lui. S'il s'était couché sur le sol, il se serait endormi immédiatement. Il tourna sur lui-même. Que devait-il faire ?

Le décor de Hoa était celui d'un village d'opérette avec des chalets d'un blanc crémeux, dont les toits avaient des bordures de bois en dentelle et des balcons décorés de jardinières de fleurs. Des pins au tronc délicat s'élançaient vers le ciel. Des pédalos en forme de cygnes traversaient un lac bleu turquoise. Des kiosques-pagodes vendaient des souvenirs. Des promenades aux rampes de fer forgé entouraient des ga-

zons anglais... Était-ce cela, le paradis d'Horace De Vries dont avait parlé son père ? La guerre ignorait-elle ce coin isolé du monde ?
Un homme grand, habillé de noir, fixait Charlie de ses yeux verts. Il vint se placer devant l'adolescent et fit le salut traditionnel. Puis il demanda en français :
– Vous êtes M. Vandamme ?
Charlie eut un sursaut :
– Oui... je suis Charlie Vandamme.
– Mon maître, M. De Vries, attendre vous. Vous seul ?
Charlie avala sa salive.
– Oui... seul. Tout seul.
Le visage de l'homme paraissait glacé. Ses yeux étincelèrent.
– Vous avoir de la chance... Attaque ngom ?
Charlie ne répondit pas. Il se détourna et flanqua un coup de pied dans un sac qui se trouvait là. Les sanglots l'étouffèrent. Il tomba à genoux et pleura à en perdre haleine.

12

Quand il eut pleuré tout son soûl, Charlie s'essuya les yeux d'un revers de la manche. Il se rendit compte que l'homme se tenait toujours debout devant lui.
– Bagage ? demanda-t-il sur le même ton.
Charlie se releva. Il ne pouvait pas espérer une parole de réconfort et un accueil chaleureux de ce type qu'il ne connaissait pas ! Le jeune garçon indiqua la porte de la soute du car que deux Dalais tordaient avec un pied-de-biche. La paroi était couverte d'impacts de balles, de stries et de bosses. Les valises furent sorties en vrac. Des mains avides s'en emparèrent. Charlie prit la sienne. Il s'immobilisa. Des gens le bousculèrent pour qu'il cède le passage.
L'adolescent avait les yeux braqués sur les deux bagages de ses parents.
– Une seule valise ? demanda l'homme derrière lui.
Il hésitait à prendre les deux autres.
– Vous venir ? reprit la voix de l'homme.

Charlie saisit sa valise et tourna les talons, laissant le passé derrière lui.

Un 4×4 Toyota était garé devant une mini-pagode où l'on vendait des cartes postales. Le serviteur prit la valise des mains de Charlie et la jeta à l'arrière du véhicule. Il ouvrit la porte du passager et fit signe au garçon de monter. Charlie s'installa. Le Dalais claqua la porte, contourna le véhicule et s'installa sans dire un mot.
Charlie se cramponna au tableau de bord quand le Toyota démarra. Ils roulèrent dans des avenues calmes au milieu d'un décor de rêve. Pourtant, dans les oreilles de Charlie, le vacarme de la guerre retentissait toujours. Ils sortirent de Hoa pour gagner les hauteurs. La petite ville apparaissait en contrebas, tel un de ces villages miniatures décorant les circuits de trains électriques. Au bout du chemin, Charlie aperçut une énorme bâtisse construite sur un pic rocheux. C'était un chalet de trois étages, large comme un hangar d'avion, percé de petites fenêtres et entouré de balcons-galeries. Des statues de dragons et autres divinités décoraient la bordure du toit.
– Maison De Vries, indiqua le chauffeur.
Il cracha sur la route par sa fenêtre ouverte.

13

L'intérieur de la maison était magnifique. Des lustres en cristal surmontaient une multitude de meubles d'origines diverses. Des tables orientales voisinaient avec des sièges Louis XV. Il y avait des armoires françaises et anglaises, des vitrines remplies d'objets russes, des bouddhas dorés, des statues de saints médiévaux, des tableaux représentant des personnages portant des perruques. Des trophées de chasse ornaient les murs. Charlie se demanda si tous ces animaux avaient été décapités par Horace De Vries.

Il suivit le serviteur dans un salon. Trois hommes y étaient confortablement installés autour d'une table couverte de bouteilles, de verres et de carafes. Ils tournèrent la tête dans un bel ensemble quand Charlie pénétra dans la pièce.

Le serviteur se dirigea vers le plus gros d'entre eux, un barbu roux habillé de blanc dont le ventre débordait de la ceinture. L'homme posa son verre et écouta

ce que le Dalais lui susurra à l'oreille. Il fronça les sourcils et laissa éclater sa colère :
– Quoi ? Quoi ? Qu'est-ce que c'est que cette histoire ? On me dit que le dernier convoi de Tay Dec a été attaqué, et on ne m'avait pas prévenu ? Fiche le camp ! Va ! Va !
Le serviteur fit une courbette et disparut. L'homme roux bondit sur ses pieds :
– Approche, mon garçon ! dit-il à Charlie. N'aie pas peur de mes chers amis. Voici M. Liu, le plus riche Chinois de la contrée, et M. Tchenekoff, le plus puissant Russe de la contrée.
Les deux hommes pouffèrent. De Vries leur fit un clin d'œil. Il avait des yeux globuleux d'un bleu délavé. Dans sa barbe de feu, ses lèvres ressortaient, luisantes d'alcool.
– Mais approche donc ! Ne reste pas là planté comme un piquet. Tu es le petit Vandamme, c'est ça ? Où sont tes parents ?
– Ils sont morts...
De Vries roula des yeux, furieux :
– Quoi ? Et on ne m'a pas prévenu ? Comment sont-ils morts ?
– Dans l'attaque, Monsieur... Notre car a été touché à l'arrière et... et la partie a été arrachée. Mes parents se trouvaient là.
– Encore un coup de l'homme-tigre ! s'exclama Tchenekoff.
– Comment se fait-il que personne ne m'ait prévenu ? répéta Horace De Vries en marchant autour de son

fauteuil. Mon garçon, tu as sous tes yeux les trois personnages les plus puissants de Hoa, et personne, je dis bien personne, ne nous a téléphoné pour nous donner la nouvelle ! Il y a eu beaucoup de dégâts ?
Charlie baissa les yeux.
– Réponds donc, mon garçon !
– Je... notre car et un camion chinois ont pu passer, mais c'est tout.
– Hoa est à l'abri, dit Liu d'une petite voix de crécelle. Les Ngoms ont bien trop peur de nous !
Charlie les regarda tour à tour. Dans quel monde vivaient ces trois riches étrangers pour se sentir à l'abri dans ce pays mis à feu et à sang ?
Horace De Vries s'effondra dans son fauteuil et alluma un gros cigare :
– Jacques Vandamme était un chic type, dit-il aux autres. Je connaissais bien son père, diplomate à Bruxelles. Et toi ? demanda-t-il en tournant sa face rouge vers l'arrivant. Comment t'appelles-tu ?
– Charlie.
– Qu'est-ce que vous allez faire de ce gosse ? l'interrogea Liu comme s'il désignait un animal ou une chose encombrante.
De Vries grogna en se servant une généreuse rasade de whisky :
– Ah ça, je ne sais pas... Quang ! QUANG !
Le serviteur aux yeux verts apparut comme par magie.
– Emmène-moi ce lascar dans une chambre et fais-lui prendre un bain. Il ressemble à un pauvre petit Dalais.

Les trois hommes ricanèrent. Charlie suivit Quang. Lorsqu'ils furent dans une autre pièce, le serviteur murmura sans même desserrer les dents :

– Tous les trois ivres.

14

Charlie aurait pu faire des brasses dans sa baignoire. Elle était énorme, en fonte, avec des pieds en pattes de lion et une robinetterie de porcelaine décorée de fleurs. Quang voulut rester pour le laver, mais Charlie lui demanda de partir. Le jeune garçon prit son souffle et mit sa tête sous l'eau dès que la lourde porte se fut refermée.

Que faisait-il ici, dans cette horrible maison inconnue dirigée par cet ogre dégoûtant ?

Charlie rejeta l'air en grosses bulles.

« Je pourrais me noyer, pensa-t-il. Ce serait sans doute la meilleure des solutions. Je ne sers à rien. Personne ne veut de moi. Tout le monde meurt, et moi, je suis toujours en vie. Papa, Maman, comme je voudrais être près de vous ! »

Il avala de l'eau, se débattit et sortit la tête. Il était prisonnier à Hoa ! Livré à Horace De Vries ! Sa destinée dépendait de la volonté de ce répugnant personnage !

Il fit couler l'eau froide et s'en aspergea. Non, Charlie ne voulait pas être une victime. Il avait une mission : venger ses parents, trouver les responsables de leur mort. Il grelotta et frictionna ses membres. Il avait la chair de poule, mais cela lui fit du bien. Il sortit du bain, se sécha et alla dans sa chambre.

Quang avait ouvert sa valise et avait déjà réparti les vêtements dans une armoire sculptée. Charlie se laissa tomber sur le lit. Le serviteur gagna la porte, hésita, fit volte-face.

Charlie leva les yeux. Le visage du Dalais était impénétrable.

– Parents jamais morts, dit Quang.

Le cœur de Charlie s'arrêta de battre. Les larmes lui vinrent aux yeux. Quang continua :

– Parents réincarnés. Parents autour de nous. Esprits des morts toujours là.

Le serviteur sourit. Charlie se mordit les lèvres. Quang s'inclina, recula et sortit de la chambre.

Les yeux grands ouverts, la joue contre la soie dorée de son couvre-lit, Charlie se laissa envahir par le silence de la maison. Il était seul et perdu. Son avenir lui apparaissait comme un tunnel sans fond. Pourquoi n'avait-il pas la foi orientale du serviteur ? Ses parents étaient morts, et bien morts. Il ne les reverrait jamais, même en esprits !

Le tunnel noir ! Tellement noir !

Charlie s'y enfonça, ferma les yeux et s'endormit.

15

Charlie dormit deux heures. Quand il se réveilla, il descendit dans la salle à manger pour le dîner. À travers les fenêtres, des montagnes se découpaient en noir sur un ciel mauve.

C'était le crépuscule du plus effroyable jour de sa vie.

Face à Charlie, en bout de table, Horace De Vries engloutissait un potage. Une jeune Dalaise au corps serré dans un ensemble de soie jaune se tenait à côté du maître et le regardait manger.

– Voilà ma femme ! dit Horace en la désignant de sa cuillère. Elle a dix-sept ans. C'est une princesse ngom. Elle s'appelle Anh.

Charlie lui adressa un timide sourire. La jeune fille le regarda sans lever la tête.

– Te fatigue pas à lui tenir de longs discours, reprit Horace. Elle ne parle pas un mot de français. Je l'ai eue contre vingt pots anciens. Les Ngoms ont la reli-

gion des pots. Ils croient que les esprits des morts y élisent domicile. Va ! Va !
Anh disparut à petits pas.
Horace posa son couvert.
– Écoute. Je suis désolé pour tout à l'heure. Je n'étais pas bien disposé pour recevoir un garçon qui vient de perdre ses parents... J'ai appris la nouvelle. Il paraît que tu as sauvé les passagers du car en sortant tout seul le véhicule de l'embuscade. C'est vrai ?
Charlie hocha la tête. Horace De Vries abattit son poing sur la table :
– Voilà un héros comme je les aime ! Tu n'as pas eu peur ! Tu as pris en main ta destinée et celle des autres ! Bravo ! Nous avons besoin de caractères comme le tien. Quel âge as-tu ?
– Treize ans.
– Tu t'es montré plus courageux que des centaines d'hommes que je connais. Je vois bien que tu es quelqu'un d'exceptionnel. Tu restes digne dans la douleur. Tu ne te roules pas par terre en appelant tes parents. Tu acceptes leur mort. Finis ton potage, il va refroidir.
– Non..., murmura Charlie. Je n'accepte pas la mort de mes parents.
– Quoi ? Pourquoi dis-tu cela, mon garçon ? Tu veux me faire mentir ? Je te répète que tu l'acceptes puisque tu te trouves devant moi, à manger ce potage de tortue. Tu as du cran, et j'aime ça !
– Qu'est-ce que vous allez faire de moi ?
– Pour l'instant, je te garde ! J'ai déjà prévu quelque

chose... Tu verras, ce sera une surprise. Une surprise d'homme !
– Mais... après ?
De Vries fit la moue :
– Il te reste bien de la famille en Belgique ? Je m'occuperai de tout, en souvenir de ton grand-père que je connaissais bien... Ha ! Ha ! Ha ! On en a pris des cuites ensemble ! C'était un sacré bonhomme. Tu dois tenir de lui.
– Et... et mes parents ?
– Quoi, tes parents ?
– On ne peut pas les retrouver ?
– On verra... J'ai beaucoup de contacts dans l'armée. S'il y a une seule chance de récupérer les corps, tu peux être certain que je la saisirai... Mais il ne faut pas te faire d'illusions. Les Ngoms ont l'habitude de brûler leurs victimes. Alors, forcément, l'identification est difficile.
Quang entra avec deux grandes assiettes qu'il disposa devant les convives.
– Ha ! lança Horace. Mon péché mignon !
Charlie vit une viande blanche décorée de pousses de soja, de lotus haché, de champignons et de liserons d'eau.
De Vries en coupa un morceau et le mastiqua en fermant les yeux :
– Hum ! Mange donc. C'est du chien.
Charlie déglutit avec difficulté. Comme il ne bougeait pas, Horace gronda :
– Tu ne vas pas me faire mentir, mon garçon ? J'ai dit

que tu étais un homme courageux. Dépasse un peu tes goûts et tes dégoûts de stupide Européen. Si tu veux être un homme qui gagne, un homme fort, un homme comme moi, mange ce plat !
Charlie se fit violence et obéit.

16

Ils étaient allongés sur des transats. Devant eux, la montagne se fondait dans l'obscurité de la nuit parfumée. En bas, les lumières vacillantes de Hoa clignotaient comme des milliers de lucioles.

– C'est mon univers, et j'en suis le roi ! dit Horace De Vries en faisant tourner le cognac dans son verre ballon. Écoute, Charlie ! Je vais te confier quelque chose. Tu as vu mes deux amis de tout à l'heure, Liu et Tchenekoff ? Figure-toi qu'à nous trois nous dirigeons Hoa et la région ! Liu possède le commerce et Tchenekoff dirige l'administration.

C'était le moment. Charlie devait en apprendre plus.

– Et vous, que possédez-vous ?

– J'ai épousé une princesse ngom !

Charlie remua sur son transat. Il était gêné. Il n'aimait pas penser qu'Horace était le mari de la frêle créature apeurée qu'il avait vue tout à l'heure.

– Comme la plupart des habitants du Dala et des pays voisins, les Ngoms sont très religieux, reprit Horace. Ils se sont soulevés derrière un meneur. Un homme-tigre. Tu en as déjà entendu parler ?

Charlie frissonna :

– Oui. Mon père m'a dit que c'était un sorcier.

– Un sorcier ? Voyez-vous ça ! Ton père et les administrateurs étrangers de ce pays sont vraiment naïfs ! L'homme-tigre est simplement un chef révolutionnaire. Un type qui veut prendre le pouvoir par la force. Je peux te dire que cet homme-tigre n'est pas le premier crétin venu. Je pense même qu'il s'agit de quelqu'un que je connais bien...

Horace se resservit du cognac. Il ricanait.

– Qui ? souffla Charlie.

– Tu es bien curieux, mais c'est normal à ton âge ! On dit que l'homme-tigre est dans la montagne et que c'est de là qu'il dirige les opérations ngoms. Mais moi, je sais qu'il se trouve ici, à Hoa, tout près ! C'est un homme qui a des ambitions. Je suis certain qu'il n'est pas loin d'ici. Pas loin du tout !

– Pourquoi l'homme-tigre et ses soldats ne vous attaquent-ils pas ?

– Je te l'ai dit : parce que j'ai pris la précaution d'épouser une princesse ngom.

– Mon père m'a dit que vous aviez une cachette d'armes ?

Les gros yeux d'Horace roulèrent dans leurs orbites :

– Ton père avait la langue bien longue, à ce qu'on dirait.

Horace De Vries se tut, regardant pensivement le verre qu'il tenait à la main. Charlie préféra ne pas poser de nouvelles questions.

C'était maintenant que tout allait se décider. Horace allait peut-être lui accorder sa confiance.

– Ici, je suis protégé. C'est vrai que les Ngoms savent que j'ai épousé l'une des leurs, mais l'homme-tigre, le chef, sait que je possède... l'arme suprême. Il a peur de moi.

« L'arme suprême, pensa Charlie. C'est ça que je dois trouver ! »

Horace eut un hoquet. Il se resservit un autre cognac.

– C'est une arme offensive qui fait trembler mes ennemis et mes amis ! Ha ! Ha ! Ha ! Je l'ai cachée, tu sais. Mais tout le monde ici connaît mon pouvoir. Liu et Tchenekoff en sont très jaloux. Figure-toi, mon garçon, que, grâce à cette arme, je peux donner l'avantage soit à l'homme-tigre, soit au gouvernement du Dala.

L'angoisse noua la gorge de Charlie. Ce type était fou furieux !

– Alors l'issue de la guerre dépend de vous ? demanda-t-il.

Horace De Vries lança son verre par-dessus la balustrade et se redressa face à la montagne :

– Oui, je suis le maître ! Tremblez, misérables, car je peux tous vous détruire ! beugla-t-il d'une voix menaçante.

17

– Et maintenant, la surprise ! annonça Horace en se laissant retomber dans le transat.
Charlie se recroquevilla :
– Non. Je ne...
– Stop ! Je ne veux pas entendre le moindre refus. Tu as dormi. Il est presque minuit. C'est l'heure de la surprise !
– Mais...
– Brave petit gars ! dit Horace en abattant sa grosse patte sur l'épaule de Charlie. Si courageux ! Je vais faire de toi un sacré bonhomme ! Un type qui n'aura peur de rien. Je suis content que tu sois là. Pour un peu, je ferais de toi mon fils adoptif !
Dégoûté, Charlie voulut se dégager de l'étreinte d'Horace. Cet homme avait encore trop bu !
– Et si je te disais où se trouve ma cachette ? ricana l'homme. Quelle blague à faire à tous les crétins qui m'entourent !

– Oui, murmura Charlie. Dites-le-moi !
– Tu ne serais pas un espion à la solde des Chinois ou des Russes, par hasard ? Allez ! Viens par ici ! Quand tu auras triomphé de l'épreuve que je t'ai préparée, on en reparlera.
Il poussa Charlie dans le chalet aux décors incroyables.
– Regarde ! clama Horace en englobant l'espace dans un geste ample du bras. Cela te plairait d'hériter de mon domaine, de connaître mes secrets ? Il faut te montrer à la hauteur ! Tu dois être aussi courageux que dans ton car !
Charlie trembla d'appréhension.
– QUANG ! QUANG ! hurla De Vries.
Le domestique apparut :
– Est-ce que tout est prêt ? Tu n'as rien oublié ?
– Non, Monsieur.
– Je vais me changer ! Charlie, tu dois suivre Quang. Il va te trouver une tenue. Retrouve-moi dans ma chambre. Va ! Va !

Charlie monta l'escalier en marbre. Quang se tenait derrière lui. Le garçon n'osa pas demander au domestique quelle était la surprise prévue par Horace. Ses mains étaient moites et ses genoux s'entrechoquaient. La succession rapide des événements le laissait épuisé. Il ouvrit la porte de sa chambre. Quang se dirigea vers l'armoire, l'ouvrit, examina les vêtements de Charlie et partit sans un mot. Charlie resta debout à côté de son lit. Il avait la désagréable impression d'être un condamné à mort attendant son exécution.

Au bout d'un moment, Anh apparut sur le seuil. Elle portait une tenue de coton, noire et coupée comme un treillis militaire. Quang se tenait derrière elle. Anh fit signe au domestique de disparaître. Elle regarda Charlie dans les yeux. Il fut stupéfait de la transformation de la princesse. Un visage aux traits durs remplaçait le masque de poupée.

– Tiens ! dit-elle en tendant le vêtement. Mets ça !

Elle se détourna pour que Charlie se déshabille et enfile la tenue. Il y avait quatre grandes poches plaquées sur le pantalon.

Charlie boutonna la veste. Anh le regarda.

– Bien, approuva-t-elle.

– Je croyais que vous ne saviez pas parler français ? interrogea Charlie.

– Je connais cette langue, dit-elle sans autre explication. J'ai appris ce que tu as fait dans le car. Tu es très courageux.

Elle sortit une cagoule noire de sa ceinture et la passa sur la tête de Charlie.

– Tu as besoin de ça.

– Mais... Qu'est-ce que je vais faire ? Où veut-il m'emmener ?

– À la guerre !

– À la guerre ? Mais...

– Horace est fort ! Mais une nuit, Horace perdra. Tu dois faire attention. N'obéis pas à tout. Tu resteras dans l'arbre. Toujours ! Tu as compris ?

– Rester dans l'arbre ? Qu'est-ce que cela veut dire ?

– La vengeance est pour lui, mais pas pour toi, Charlie.

Tu dois rester dans l'arbre ! Rappelle-toi !
Elle s'inclina et s'enfuit, aussi silencieuse qu'une ombre.

18

Charlie se sentait ridicule dans son déguisement de commando. Il descendit l'escalier pour gagner la chambre d'Horace De Vries.

Quand il aperçut son reflet dans l'un des nombreux miroirs du hall, il fut saisi de frayeur. Pourquoi était-il déguisé ainsi ? En quoi consistait cette surprise ?

Les paroles d'Anh le terrorisaient. Charlie comprenait bien qu'elle ne voulait pas parler de la vraie guerre. Horace avait peut-être l'intention de l'emmener dans sa cachette ? Mais, alors, pourquoi Anh lui avait-elle recommandé de « rester dans l'arbre » ? Qu'est-ce que cela voulait dire ?

– Serre donc, bougre d'imbécile ! cria une voix.

La porte de la chambre d'Horace était ouverte. De Vries se tenait debout sur une peau de tigre. Quang lui bouclait une ceinture dans le dos.

La tenue d'Horace était de la même couleur que celle de Charlie. Le gros homme enfila une cagoule.

– Ça y est, je suis prêt ! jeta-t-il à Quang. Va ! Va !
Quang baissa la tête et sortit de la chambre. En croisant Charlie, il lui jeta un regard chargé d'une telle haine que le garçon en eut froid dans le dos.
– Entre, Charlie ! vocifèra Horace. Que penses-tu de notre tenue ? Nous voilà devenus des combattants de l'ombre ! À nous la victoire !
La chambre d'Horace ressemblait à celle d'un roi fou. Une moustiquaire brodée d'or recouvrait un lit à baldaquin. Des torches brandies par des statues de femmes éclairaient les tableaux, les peaux de bêtes et les bibelots. Dans son costume noir, Horace De Vries ressemblait à une ombre.
Charlie eut l'intelligence de ne pas parler de la visite et des étranges recommandations d'Anh. Il était certain que De Vries serait entré dans une rage folle.
– Contre qui allons-nous nous battre ? demanda-t-il.
Horace se frappa le ventre :
– Contre un seigneur ! Un seigneur que je vais abattre.
– C'est l'homme-tigre, n'est-ce pas ?
– Lui ? Mais c'est un clown, Charlie ! Un froussard qui se terre dans un trou. Non, il n'est rien pour moi. Celui que je veux rencontrer, c'est l'empereur, le véritable roi qui règne sur ce pays.
Horace frotta ses bottes sur la peau étalée sur le sol. Il reprit :
– Nous allons à la chasse, mon vieux. Je t'emmène à ma chasse au tigre !

19

Sur un sentier qui se devinait à peine, le 4×4 Toyota grimpait dans la montagne. Ils entrèrent dans une jungle épaisse. Horace mit ses phares en veilleuse pour que la lumière n'affole pas les animaux de la forêt. Il parla d'une voix excitée :

– D'habitude, j'y vais seul. Mais, ce soir, je veux que tu voies ça ! C'est ta récompense. L'expérience qui marquera ta vie. J'ai tué plusieurs tigres dans ma vie, mais celui-ci est le plus beau ! Un mâle qui rôde dans les environs depuis un mois ! Tu vas te rendre compte, Charlie, que surmonter la peur te rend le plus puissant des hommes. Une fois que tu as vaincu le tigre, rien ne peut t'arrêter !

Les bambous se dressaient en muraille de chaque côté du sentier. Charlie était terrifié. Un tigre allait donc sortir de cette végétation !

– J'ai disposé des appâts depuis un certain temps, mais il se méfie, le bougre ! C'est un rusé. L'empereur

de la jungle contre le roi de Hoa ! Ha ! Ha ! Ha ! Mais je sais me montrer malin, moi aussi. Tu sais ce que j'ai fait, Charlie ?
Le garçon ne répondit pas.
– Je me suis procuré un cerf apprivoisé et je l'ai attaché à un poteau, dans une petite clairière, un endroit parfait. Le tigre aime tuer, mais il préfère quand la chair n'est pas trop fraîche. Son attaque est rapide et comme c'est un cerf trop lourd pour être emporté, il laissera probablement le cadavre sur place. Le tigre revient toujours dans la nuit pour festoyer. C'est là que je l'attends.
– Le cerf est mort ?
– Il doit l'être ! Sinon ce n'est pas un vrai tigre ! Il ne peut rejeter un bon cerf comme ça ! Il m'a coûté une petite fortune !
Les doigts boudinés d'Horace s'agrippèrent au volant. Il ralentit. Le Toyota arrêta de cahoter. Charlie eut l'impression que ses intestins se nouaient.
– Je ne veux pas y aller, murmura-t-il.
Le Toyota pila. Les phares s'éteignirent.
– Un petit quart d'heure de marche et nous y serons, dit Horace en fouillant sur la banquette arrière.
– Je ne veux pas y aller, répéta Charlie.
– Je préfère oublier ce que tu viens de dire, gronda De Vries. Ce n'est pas digne d'un garçon courageux comme toi. Qu'est-ce qui t'a poussé à conduire le car ? À sauver les autres ? Hein ? Montre-toi un homme ! Ton père serait fier de toi ! Bon, voilà ma carabine. J'espère que ce crétin de Quang l'a bien nettoyée. Oui, ça va.

Prends une cartouchière. J'ai des jumelles à infrarouge mais, ce soir, je ne vais pas m'en servir. Ce n'est pas du sport. J'ai envie de voir le tigre sous la lune. De le tuer comme l'auraient fait les anciens colons. Tu vas voir, Charlie. Ça va être un grand moment !

Il descendit du Toyota. Charlie était bien obligé de l'imiter.

Déjà De Vries s'enfonçait dans l'ombre frémissante. L'adolescent accéléra le pas. Il ne voulait surtout pas rester en arrière.

– Liu, Tchenekoff et les habitants de Hoa savent que je cherche ce tigre, poursuivit l'homme. Ils me le réservent, tu comprends ? Parce qu'il n'y a que moi qui peux le tuer. Ils reconnaissent ma puissance, Charlie. Les gens d'ici me laissent face au roi de la jungle. Quand je le tuerai, ils comprendront une nouvelle fois que je suis le plus fort. Je ne suis plus un Européen, Charlie, je suis quelqu'un d'autre !

Charlie avala sa salive avec difficulté.

– Bientôt, il faudra se taire, reprit Horace d'un ton rapide. Donc, je vais te dire maintenant ce qu'il va se passer pour que tu apprécies. Si le cerf est mort, ce sera une première victoire. Le tigre viendra. Nous monterons dans un arbre que j'ai repéré et où j'ai demandé à Quang d'installer une petite plate-forme. Nous n'aurons plus qu'à attendre. La divine attente ! J'ai une mire phosphorescente, je ne risque pas de rater la bête ! Une balle entre les deux yeux... Mais attention ! Il ne faut pas tirer tout de suite. Le tigre est constamment sur ses gardes et il glisse dans la végétation avec une souplesse extraordinaire. Alors, n'aie pas peur, Charlie. D'abord, juste avant l'arrivée du félin, il y aura un grand silence. Comme si la nature entière retenait son souffle. Puis, tu entendras des claquements d'ailes. C'est un faucon nocturne. Il volera dans la clairière et si nous restons parfaitement immobiles, s'il ne nous repère pas, il se posera sur une branche et poussera un cri rauque et perçant. C'est un appel. Le tigre viendra ensuite, tu peux en être certain.

20

Charlie vit deux yeux briller dans les ténèbres. Un animal détala dans les broussailles. Horace se détourna, jambes écartées, puis il reprit sa marche. Charlie crut défaillir. Il lui semblait qu'il marchait dans du coton. Les troncs couverts de lianes cernaient le sentier. Des orchidées blanches accrochées aux lianes parsemaient la végétation ténébreuse.
Des bambous s'agitaient. Était-ce la brise de la nuit ou les mouvements du tigre à l'affût ? À qui appartenaient ces yeux jaunes que Charlie distinguait dans les coins les plus obscurs ? À des singes ou au félin lui-même ?
Horace De Vries se taisait. Il avançait sans bruit avec une souplesse fantastique pour un homme aussi gros. Le sentier disparut sous les plantes. L'homme écarta des fougères géantes. Au-dessus de leurs têtes, les cèdres, les pins, les bambous se déployaient en une cathédrale végétale. De Vries s'arrêta :

– Un dernier conseil, chuchota-t-il. Tu n'entendras pas et tu ne verras pas le tigre venir après le cri du faucon. Soudain, il sera là ! Il y aura un terrible grognement suivi d'un bruit de griffes. Là, juste en dessous de toi, le fauve commencera son repas ! Ne crie pas. Ne m'attrape pas le bras. Reste calme. J'ai connu trop d'imbéciles qui se mettaient à tirer n'importe comment en entendant les grognements de la bête. C'est pour cela que je chasse seul. Il faut savoir attendre. Au bout d'un instant, les sinistres bruits s'arrêtent et il y a un grand silence. Un silence intenable. C'est le tigre qui écoute. Il écoute. Encore. C'est long. Et soudain, il pousse un hurlement. Un cri comme tu n'en entendras jamais plus. Là encore, il ne faut pas bouger. Il faut maîtriser tes nerfs. Car lui, le tigre, doit se sentir seul pour profiter pleinement de son repas. Cette tension est le prix à payer pour vaincre l'animal lorsqu'il s'écarte sans méfiance après avoir dévoré sa proie. C'est là, et là seulement, qu'il faut tirer.

Charlie sentit une odeur de sueur flotter autour d'Horace. Le gros homme coinça sa carabine sous le bras et poursuivit son avancée.

Ils débouchèrent dans une petite clairière. Les herbes folles s'agitaient mollement sous la lumière lunaire. Des troncs serrés et des fourrés épais encadraient cet espace comme les murs d'une arène.

De Vries se courba et trottina sur le pourtour de la clairière afin d'éviter la lumière blême. Il longea les broussailles et s'arrêta devant un cèdre. Il désigna à Charlie un point à quelques mètres sous l'arbre.

L'adolescent y vit une masse noire allongée sur le sol. L'herbe avait été foulée, arrachée. Une corde, tel un serpent, se déroulait entre cette masse immobile et un solide piquet planté en terre.
Charlie ne pouvait plus faire un geste.
C'était le cerf ! Les flancs ouverts, les yeux fixes, couvert de mouches et de papillons.
Il était mort !

21

Horace grimpa prestement dans le cèdre et s'installa sur la minuscule plate-forme qui avait été aménagée. Il fit signe à Charlie de se dépêcher de monter. Le jeune garçon ne perdit pas de temps.
Il grimpa en observant le cerf. Il crut voir les muscles jouer sous la peau du cadavre. Des mouches s'envolèrent. Le garçon pressa son visage contre le cèdre. Était-ce une étincelle de vie ou seulement l'ombre d'un nuage devant la lune ?
Il regarda la plate-forme par en dessous. C'était une construction sommaire faite de quelques planches clouées. Deux plaques métalliques avaient été fixées sous la plate-forme pour la supporter et la maintenir au tronc. Une corde était enroulée autour de l'une des plaques. Elle disparaissait dans la végétation. Charlie pensa qu'elle devait servir à se hisser le long du tronc, mais Horace n'en avait pas eu besoin.
Le garçon progressa entre les branches. Horace

s'était installé en tailleur sur sa plate-forme, la carabine en travers de ses cuisses. Il n'y avait plus la moindre place pour Charlie.
– Toi, souffla l'homme, tu vas rester dans l'arbre !
Charlie eut un coup au cœur. Rester dans l'arbre ! N'était-ce pas le conseil que lui avait donné Anh ?
Il s'installa à cheval sur une branche. Horace De Vries était aussi immobile qu'un bouddha. Plus rien ne bougea. Charlie attendit...

Il lui fallut un long moment avant de s'habituer au silence. Ses sens s'aiguisèrent. Ses yeux se mirent à fouiller les ombres, à détecter les infimes mouvements qui agitaient les herbes. Ses oreilles perçurent les frémissements des feuilles, les craquements du bois, les grattements, les couinements, les appels lointains des animaux et de la nature entière qui semblaient, eux aussi, attendre le tigre.
Charlie s'adossa à sa branche. Il avait maintenant l'impression de faire partie de la nuit. Sa peur diminua. Il ferma les yeux et pensa à ses parents morts, à la cachette d'Horace, à son arme mystérieuse qui faisait trembler ses amis et ses ennemis. Il pensa aussi à l'homme-tigre qu'Horace traitait de « clown » comparé au tigre, le vrai, qui allait apparaître dans la clairière.
Horace se pencha vers Charlie et lui chuchota :
– Je suis fier de toi, mon garçon. Tu vas devenir un homme ! Toi aussi, un jour, tu auras ton arme secrète !

Tu veux que je te dise où se trouve la mienne ?
– Oui, murmura Charlie.
– Mon arme secrète est sous ma peau !
Horace recula en ricanant, très satisfait de sa phrase mystérieuse. Le garçon ne comprit pas. Jacques Vandamme avait parlé d'un endroit secret dans la montagne. La cachette d'une telle arme pouvait-elle être « sous la peau d'Horace » ?
Charlie n'eut pas le temps de réfléchir plus longtemps à cette énigme. Du coin de l'œil, il perçut un minuscule déplacement dans les airs.
Un oiseau volait au-dessus de la clairière. Il décrivit quelques ronds prudents. Charlie vit les plumes mouchetées de son ventre et la pointe de ses ailes.
C'était un faucon ! Un faucon nocturne !
Ce fut comme si une main glacée serrait la gorge de Charlie. Il s'appuya contre sa branche. L'oiseau s'abattit dans un arbre, remua dans les feuilles, puis lança un cri rauque qui résonna dans le silence de la jungle.
L'appel du tigre !

22

L'oiseau sauta de la branche, reprit son vol dans la clairière et poussa une nouvelle série de cris. Les notes rauques furent autant de poignards plantés dans le ventre de Charlie. Horace l'avait prévenu, cet oiseau annonçait le tigre ! Le faucon avait sans doute l'habitude de partager les repas du fauve... Charlie écarquilla les yeux. D'où le gigantesque félin allait-il sortir ? De ce trou d'ombre ovale que l'on voyait là-bas, dans les fourrés ? De ces fougères frémissantes ? De ces bambous ? La sueur au front, Charlie regarda partout, les mains cramponnées à sa branche. Devant lui, Horace De Vries s'était tendu en avant, canon pointé vers le ciel. Charlie le vit armer sa carabine. Le déclic fut à peine perceptible. Le mécanisme avait été bien graissé.

Charlie ne quittait plus les fourrés des yeux. Ce trou d'ombre semblait avoir été formé par le passage d'une bête de la taille d'un tigre.

C'était sans aucun doute par là qu'il apparaîtrait !
Soudain, un grognement épouvantable figea le garçon. Il crut qu'il allait tomber raide mort de sa branche.
Cela venait juste d'en bas ! Tout près !
Il entendit le bruit affreux des chairs déchirées par les crocs du tigre. Charlie n'eut pas la force d'observer le monstre dévorant sa proie. Il ne voulait pas voir l'animal couché sur le cerf dans l'herbe souillée, avalant ses premiers morceaux de viande.
Comme ces bruits étaient répugnants ! C'étaient ceux de la puissance de l'empereur de la jungle.
Soudain ce fut le silence. Le déchaînement s'était arrêté. Plus un bruit. Rien.
Le cœur de Charlie sauta dans sa poitrine. Il avait l'impression d'être au sommet d'une montagne russe à attendre la chute vertigineuse.
Le tigre écoutait.
Et si le tigre se rendait compte de la présence d'Horace sur sa plate-forme ? Grimperait-il ?
Charlie baissa les yeux. Il aperçut le corps du cerf, mais ne vit pas immédiatement le tigre, car ses rayures le confondaient avec les herbes et les ombres mouvantes. La lune sortit d'une gangue de nuages. Le félin se tenait derrière le cerf, tête baissée. Il était énorme. Un grognement sourd jaillit de sa gorge. Dans la lumière blafarde, Charlie vit ses babines se retrousser sur des crocs aiguisés comme des poignards. L'animal posa une patte sur le flanc du cerf et releva la tête. Ses yeux jaunes firent le tour de la clairière. Il huma l'air.

Horace mit la bête en joue. Charlie attendait le coup de feu impatiemment. Il ne pouvait plus supporter cette tension. Elle lui nouait les tripes ! De Vries visa. Brusquement, il y eut un grand craquement.
Sous les yeux horrifiés de l'adolescent, la plate-forme bascula sur le côté. Déséquilibré, Horace tenta de se rattraper. Il brisa des branches, lâcha sa carabine et dégringola jusqu'au bas du cèdre pour rouler dans l'herbe.
Face au tigre !

23

Surprise, la bête fit un saut de côté. Mais elle ne s'enfuit pas. Elle recula, les yeux fixés sur Horace qui se relevait péniblement.

Charlie entendit De Vries gémir de peur. L'homme se plaqua contre le tronc du cèdre. Il s'y agrippa et voulut remonter. Charlie se pencha pour lui attraper la main. La sueur dégoulina dans ses yeux. Il vit le tigre se ramasser sur lui-même et faire un bond prodigieux par-dessus le cadavre du cerf.

Horace poussa un hurlement. Le tigre était sur lui ! D'un violent coup de patte, le fauve envoya l'homme culbuter dans le centre de la clairière. Puis il se tapit devant le cèdre, juste sous Charlie, prêt à se jeter sur sa proie.

Horace De Vries se releva. Il dansa sur ses jambes comme un sumo entrant sur le ring. Le tigre gronda, et se mit à ramper. Il commença à tourner autour de l'homme, lui ôtant la possibilité de rejoindre le tronc.

– La carabine ! ordonna Horace. Prend la carabine, Charlie !
Le garçon tremblait de tous ses membres. Il vit que la carabine avait glissé sous la plate-forme et y restait en déséquilibre. Il se mit sur le ventre en évitant de monter sur les planches disjointes. Il ne voulait pas tomber à son tour. La vie d'Horace tenait à un fil. C'était une question de seconde. Le tigre surpris, acculé dans la clairière, avait choisi l'attaque plutôt que la fuite ! Horace se tenait l'épaule, mais comme il était habillé de noir, Charlie ne voyait pas s'il avait été sérieusement blessé par le coup de patte. L'adolescent glissa sa tête sous la plate-forme. L'un des supports était brisé net. La corde qui y était attachée l'avait emmené au loin. Qui l'avait tirée ? La carabine n'était qu'à une dizaine de centimètres. Charlie tendit la main et effleura la crosse. La carabine glissa contre le bois.
« L'arme va tomber dans la clairière ! pensa Charlie. Je ne pourrai pas l'atteindre, et alors... »
Mais l'arme s'immobilisa sur une branche. Charlie enroula une jambe autour du tronc et se laissa tomber, tête en avant. Il saisit la carabine par le canon.
– Bon Dieu ! lança la voix terrorisée d'Horace. Qu'est-ce que tu fais ?
Charlie avait le goût du sang dans la bouche. Il eut beaucoup de peine à remonter à sa place. La carabine pesait lourd. Il eut peur d'appuyer par mégarde sur la détente. L'arme était chargée, prête à tirer, avec le cran de sécurité enlevé.
– Charlie... Charlie..., pleurait De Vries. Dépêche-toi !

Le garçon se remit à califourchon sur sa branche. Il haletait. Il essuya son visage avec sa manche et vit que le tigre avançait vers la silhouette tremblante. Horace tendit les mains en avant. Le tigre gronda. Sa queue faucha l'herbe. Charlie épaula. Le tigre bondit. Horace hurla à pleins poumons. Il bascula en arrière.
La bête était sur lui !
Charlie tremblait tellement que la mire phosphorescente devant ses yeux sautait comme un papillon fou. Il ne parvenait pas à distinguer l'homme de la bête. Devait-il tirer maintenant et risquer de tuer Horace ? Il hésita. Mais le temps passait. Horace était fichu. Jamais Charlie ne réussirait à...
Le tigre lâcha sa proie, fit un bond sur le côté et se réinstalla dans l'herbe, sa queue s'agitant frénétiquement. De Vries était étendu sur le sol. Il bougea la tête et se mit à ramper en geignant. Le tigre feula et s'aplatit encore plus.
« Ce n'est pas vrai ! pensa Charlie. C'est comme le chat et la souris... Le tigre joue avec Horace ! »
C'était maintenant ou jamais ! Il devait faire feu avant que le félin ne bondisse à nouveau. Charlie savait que c'était la dernière chance de sauver Horace.
Le garçon immobilisa le viseur sur la tête du tigre. Il appuya sur la détente.
Il y eut un léger déclic.
Rien d'autre.

24

Pas de balles !
Ce n'était pas possible ! Horace avait tout vérifié. Il avait glissé des cartouches dans le canon. Charlie appuya, appuya encore.
Clic, clic, clic.
Rien ! Il ne se passait rien ! Le fusil était chargé, la gâchette fonctionnait, et il n'y avait pas de mise à feu. Les balles devaient être trafiquées.
Charlie en pleura de rage.
Le tigre gronda et découvrit ses crocs. L'adolescent se mit debout sur la branche.
– VA-T'EN ! VA-T'EN, SALE BÊTE ! cria-t-il.
Le tigre ne releva même pas la tête, hypnotisé par la proie humaine qui se traînait devant lui.
Charlie hurla en faisant tournoyer la carabine dans les feuilles. Il vit Horace lever un bras. Le tigre se redressa.
La partie était finie. La bête se jeta pour la troisième

fois sur De Vries et se déchaîna sur lui. Charlie lâcha la carabine et s'agrippa à la branche.

– NON !

Il ne pouvait pas supporter une telle vision. En un instant, les atroces images de la guerre s'abattirent sur lui. Cris, pleurs, flammes, mort, haine !

Puis ce fut le silence.

Charlie ouvrit les yeux.

Horace De Vries n'était plus là !

Un mouvement près des fourrés, juste devant le trou ovale... une queue qui s'agite... un bruit de branches cassées.

Le tigre venait de traîner Horace à travers la clairière. Des oiseaux s'envolèrent brusquement.

Charlie voulut crier une nouvelle fois.

C'était trop tard, désormais.

Dans un dernier effort, l'empereur de la jungle emporta Horace.

Le garçon retomba assis, brisé par l'épouvante. Il entendit la nature se déchaîner à son tour. Des cris retentirent dans les arbres. Des oiseaux et de gros papillons s'agitèrent. Le tigre était parti. La nature respirait !

Charlie devait-il descendre ?

Un tourbillon d'insectes s'abattit sur le cerf mort, maintenant amputé d'une patte. L'adolescent appuya son visage contre le cèdre. « Je vais rester là, pensa-t-il. Toute la nuit. On ne me retrouvera jamais. »

Le faucon nocturne avait disparu. Des feuilles s'agitèrent dans un arbre proche. Les yeux de Charlie se dilatèrent.

Il se sentit soudain très faible. Était-ce son imagination qui lui jouait des tours ? Les bruits dans l'arbre voisin s'accentuèrent. Charlie vit une créature se laisser tomber dans la clairière.

C'était un homme, et son dos était couvert d'une peau de tigre !

25

La silhouette s'avança vers le cèdre. Charlie voulut grimper plus haut, mais n'y parvint pas.
– De Vries a été puni ! dit une voix rauque. Il voulait être roi. Il en est mort. Ha ! Ha ! Ha !
Charlie ne respirait plus. De là où il était, il ne pouvait distinguer le visage de l'homme. Mais cette voix ne lui était pas inconnue !
L'homme-tigre s'empara de la corde qui avait servi à précipiter Horace dans la gueule du félin. La voix gronda :
– Il croyait vaincre l'empereur de la jungle ! Quel imbécile ! Seul un être supérieur, qui sait comment la bête va réagir, peut triompher. Et c'est moi, tu entends ? MOI ! Car l'esprit du fauve est en moi ! J'en possède la puissance ! Je suis l'homme-tigre ! Ha ! Ha !
Il leva les bras au ciel. Charlie étreignit sa branche. Comme cet être semblait monstrueux au milieu de la clairière dévastée !

– Les Ngoms gagneront leur révolution ! déclara le personnage. Nous avons été trop patients avec ce gros porc d'Horace. Je voulais faire alliance avec lui pour qu'il me révèle la cachette de son arme. De Vries a voulu jouer au malin. On ne peut pas se moquer de moi longtemps ! Tu entends, sale petit envahisseur d'Européen ?

L'homme-tigre s'avança et se plaça juste sous le tronc. Il allait grimper ! En deux bonds, il serait sur Charlie !

– Tu veux que je monte ? Tu veux voir qui je suis ? Tu veux voir l'homme-tigre de près ? Tu veux voir la mort en face ?

– Non ! hurla Charlie.

– Je peux manipuler le tigre et les hommes ! Ce sont des marionnettes entre mes mains. De Vries est tombé lui-même dans son propre piège et, grâce à cette corde, je l'ai livré au bourreau comme il le méritait. Sale gamin ! Toi aussi, tu n'es qu'une marionnette. Tu veux voir mes yeux jaunes, mes dents pointues, mes griffes d'acier ?

– Non ! Laissez-moi ! Je n'ai rien fait.

– Ton sang coulera bientôt, comme a coulé celui de tes parents. J'aime laisser mes victimes se débattre entre mes griffes. Tu es perdu, misérable ! Dans quelques heures, je te déchirerai.

L'homme-tigre recula dans l'herbe, gagna le fond de la clairière et disparut.

Charlie regarda le cadavre du cerf, la masse des arbres et la voûte du ciel.

Son cauchemar n'était pas fini.

26

Que devait-il faire ? Rester dans le cèdre toute la nuit et attendre d'éventuels sauveteurs ? Ou descendre, affronter les dangers de la jungle et tenter de regagner Hoa ?
Charlie se sentait incapable d'écouter encore ces bruits autour de lui. L'homme-tigre l'avait prévenu : sa mort était proche ! L'adolescent ne voulait pas se laisser tuer comme une souris incapable du moindre mouvement devant le chat. Il devait réagir.
Il se laissa glisser le long du tronc et sauta sur le sol. La terre était dure, les herbes glissaient contre ses jambes. Charlie traversa la clairière sans regarder derrière lui.
Il entra dans les fourrés et plissa les yeux. Les bambous s'agitèrent au-dessus de lui et des petites lumières volèrent dans les fougères. Des yeux ? Des lucioles ? L'homme-tigre avait puni Horace ! Ce qui était arrivé n'était pas un hasard, ni une fausse

manœuvre. Non, l'homme-tigre l'avait avoué : De Vries avait été victime d'un véritable plan criminel ! La plate-forme soutenue par deux plaques dont l'une était à moitié sciée était un piège. L'homme-tigre, caché dans le feuillage de l'arbre voisin, avait attendu le bon moment pour tirer sur la corde. Tendue entre les deux arbres, elle avait déséquilibré la plate-forme et précipité Horace aux pieds de la bête !

Charlie sortit de la jungle et se retrouva sur le sentier. La lune brillait par-delà montagnes, forêt, vallées et rizières. Le 4×4 Toyota était tout près.

Pourvu qu'Horace ait laissé les clés de contact sur sa voiture ! Charlie était parvenu à conduire un car. Il pensait se débrouiller avec un 4×4 !

En apercevant le pare-choc du Toyota qui luisait sous la lune, Charlie pensa une nouvelle fois à l'arme secrète d'Horace. Quelle sorte d'arme était-ce ? L'homme-tigre lui-même en avait parlé ! Elle devait être d'une puissance destructrice hors du commun !

« Elle est sous ma peau ! » avait dit Horace De Vries. Si c'était la vérité, seul le tigre de la jungle allait en profiter...

Charlie contourna la voiture. Il était décidé à démolir une vitre à coups de pierre si elle était fermée. Il était épuisé, il avait peur. Le Toyota pouvait peut-être le protéger contre la cruelle promesse de l'homme-tigre...

Charlie appuya sur la poignée de la portière du conducteur. Elle était ouverte ! Quelle chance ! Les clés de contact devaient être à leur place ! Charlie monta.

Un corps noir était allongé en travers des places avant ! Charlie voulut redescendre du marchepied, mais la personne se redressa et lui sauta dessus.

27

Charlie tomba, l'inconnu accroché à lui. Le garçon se défendit comme un beau diable, ruant et cherchant à boxer le visage grimaçant. Une main de fer lui immobilisa le poignet :

– C'est moi ! lança une voix. Anh !

Charlie se rendit compte que le corps était aussi frêle que celui d'une petite fille. Mais sa vigueur était égale à celle d'un homme. Il se redressa :

– Qu'est-ce que vous faites ici ?

– Il est mort ?

Charlie baissa les yeux. Dans la nuit, le visage pâle d'Anh luisait tel un masque de cire.

– Oui. Le tigre l'a emporté, murmura-t-il.

– Monte ! commanda Anh. Je suis venue à pied du chalet. J'ai le double des clés.

Charlie obéit. Anh démarra, alluma les phares et entreprit de faire un demi-tour en montant sur le talus herbeux.

Charlie devait-il lui accorder sa confiance ? Cette princesse ngom avait dissimulé sa véritable personnalité à son mari. Elle jouait certainement un double jeu. D'ailleurs, elle ne semblait pas attristée par la mort d'Horace. Au contraire !

– C'est vous, n'est-ce pas ? souffla Charlie.

– Quoi ?

– Vous étiez au courant du piège ! Vous m'avez demandé de rester dans l'arbre. Vous ne vouliez pas que je monte sur la plate-forme avec Horace, car vous saviez qu'elle était trafiquée.

Anh ne répondit pas et embraya. Le Toyota cahota sur le sentier.

– Répondez-moi ! hurla Charlie. L'homme-tigre est votre chef !

– Je suis une Ngom, répondit Anh. Je veux que mon peuple devienne libre. Les étrangers nous prennent nos richesses. Ils nous exploitent.

– Vous avez épousé Horace De Vries !

– Mon père m'a échangée contre vingt pots. Ma tribu voulait vivre dans la prospérité, car ces pots sont magiques et très anciens. Les esprits de nos morts y vivent pour l'éternité. Mon village était très heureux de ce mariage.

– C'était votre mari ! Vous ne pouvez pas...

– J'obéis à la loi.

– La loi de l'homme-tigre !

Anh haussa les épaules et tourna le volant pour négocier un virage difficile. Charlie appuya son front contre la vitre. Dehors, la végétation dense défilait

lentement. Anh prit garde de ne pas aller trop vite.
– Je sais qui est l'homme-tigre, dit Charlie.
– L'homme-tigre est notre chef. Il a des pouvoirs immenses ! Horace croyait le vaincre, mais il s'est occupé de lui...
– C'est Quang, n'est-ce pas ?
Anh pinça les lèvres.
– C'est Quang ! répéta Charlie. C'est lui qui a construit la plate-forme. Donc c'est lui qui l'a trafiquée ! C'est lui aussi qui a préparé la carabine d'Horace De Vries. Il l'a sabotée pour qu'elle ne tire pas. Il fallait que toutes les chances soient de votre côté pour que vous réalisiez votre meurtre épouvantable.
– Tu ne peux pas comprendre, chuchota Anh en lui jetant un rapide coup d'œil.
– Je comprends que vous êtes des assassins ! Vous ! Quang ! Et tous ceux qui ont tué mes parents !
Les sanglots étouffèrent Charlie. Il pleura, appuyé contre la fenêtre. Le Toyota s'arrêta. Anh lui mit une main sur l'épaule :
– C'est la guerre, dit-elle. Toi tu es jeune et innocent.
– Je ne sais pas où aller !
– Je t'emmène dans la maison De Vries. Écoute, les Ngoms ne sont pas tous à Tay Dec. La moitié des soldats se trouvent ici. Ils encerclent Hoa.
Charlie serra les poings :
– Vous attendiez qu'Horace meure pour déclencher l'attaque !
– Il possédait une arme. Une arme terrible. Et personne ne savait à qui il voulait la donner. Pas même

l'homme-tigre. Horace t'a parlé de cette arme et de sa cachette ?
Charlie sursauta. Il n'aima pas le ton doucereux d'Anh. Elle se dévoilait ! Voilà l'unique et véritable raison de son attente : faire parler Charlie ! Elle se moquait bien de le protéger et de le sauver.
– Il ne m'a parlé de rien, dit Charlie d'une voix sèche.
Anh se pencha contre lui :
– Ne mens pas. Je me tenais sur le balcon au-dessus de vous. Je sais qu'il t'a parlé de son arme secrète !
– Non.
– Menteur !
Anh poussa Charlie contre la portière. Il sentit quelque chose de pointu s'enfoncer dans sa gorge.

28

– Parle ! gronda Anh. Sinon, tu es mort.
Charlie avala sa salive. Les yeux d'Anh n'étaient que deux fentes. La main qui tenait le poignard ne tremblait pas. Elle appuya un peu plus et Charlie sentit la piqûre sur sa peau.
– Si tu es en vie, c'est grâce à moi, reprit Anh. Je t'ai défendu devant l'homme-tigre, qui voulait te tuer immédiatement après Horace.
– L'homme-tigre ne veut pas me laisser la vie sauve. C'est un monstre qui joue avec moi comme il a joué avec Horace ! rétorqua Charlie.
– Et alors ? murmura Anh. Horace a eu la mort qu'il méritait. La mort du riche Européen ! Et toi, comment la veux-tu, ta mort ?
– Je m'en fiche.
– Ne joue pas les héros.
– Je ne joue pas les héros. Je suis très fatigué, c'est tout.
– Tu as sauvé des gens et tu as vu l'œuvre du tigre.

Mais tu possèdes aussi des informations qui nous intéressent. Réfléchis bien et répète-moi ce que t'a dit Horace sur son arme.
– C'est vrai qu'il m'a dit qu'il possédait une arme secrète, mais je n'ai rien compris. Je ne sais rien d'autre.
Ils se fixèrent pendant de longues minutes. Anh baissa finalement son poignard et le rangea. Charlie soupira de soulagement.
La jeune femme redémarra. Charlie était quand même étonné qu'elle accepte aussi facilement sa défaite.
– C'est quoi, son arme secrète ? demanda-t-il.
Anh hésita à répondre :
– Il l'a obtenue par une filière russe. Horace s'en servait pour exercer du chantage. Il voulait la vendre.
– Aux Ngoms ?
– Au plus offrant. Voilà comment il était ! Maintenant qu'il est mort, il n'y a plus de danger que son arme tombe entre les mains de nos ennemis. Mais toi, tu vas nous aider à trouver l'endroit.
– Quel endroit ? Je ne sais rien, je vous l'ai déjà dit !
– L'endroit où se trouve cette arme ! Horace était un trafiquant. C'est comme ça qu'il a bâti sa fortune et sa puissance. Il possède une cache, dans sa maison ou dans la montagne, nous ne savons pas encore. Et dans cette cache, il y a cette arme redoutable qui apportera la victoire à celui qui la possédera.
– Qu'est-ce que c'est ? souffla Charlie. Son cœur était oppressé.
Anh marqua un long silence et répondit :
– Une bombe atomique.

29

La mort encore !
Charlie pensa au champignon blanc s'élevant dans le ciel tandis que son souffle détruisait le pays, tuant en quelques secondes animaux, plantes et humains. Il se rappela les terribles images qu'il avait vues dans des magazines. Ces ruines, ces ombres d'hommes coulées dans le goudron des routes, ces visages ravagés...
Ainsi c'était ça, l'arme secrète d'Horace !
Le Toyota roula sur l'étroit sentier. Charlie se demanda si Anh lui avait menti. Le ramenait-elle vraiment à la maison De Vries ? Ne s'agissait-il pas plutôt d'un piège ? Il sentait toujours la piqûre du poignard sur son cou.
Anh conduisait, le buste droit, son délicat profil fixé face à la route. Elle ne songeait quand même pas à tuer son peuple avec la bombe ?
L'homme-tigre s'amusait avec Charlie. Anh était chargée de le conduire jusqu'à lui. Le garçon était fichu.

Il devait sauter du Toyota ! Sa main chercha la poignée. Il n'avait qu'à appuyer et sauter. Mais la voiture roulait à ce moment le long d'un précipice dont on ne distinguait pas le fond. Charlie eut peur de se briser le cou. Sa main reprit sa place sur la cuisse.
Il valait mieux attendre.
– Ne cherche pas à t'enfuir, dit Anh sans quitter la route des yeux. La porte est verrouillée. Tu ne peux pas l'ouvrir de l'intérieur.
Elle devait lire dans les pensées de Charlie !
– Qu'est-ce que vous allez faire de moi ?
– Tu verras bien.
– Je vous en prie. Laissez-moi descendre ! Je partirai n'importe où ! Vous ne me reverrez jamais.
– La jungle aura ta peau.
– Et si je reste avec vous, je vivrai ?
– Si tu parles.
– Mais je ne sais rien ! Rien du tout ! Je n'ai jamais entendu parler de cette maudite bombe atomique. Je ne sais pas où Horace l'a cachée.
– On verra ça quand nous serons au chalet. Tu ne pourras pas mentir, là-bas.
– Pourquoi ? Je ne sais rien...
– Tu seras forcé de dire ce que tu sais. Personne ne résiste à la torture.

30

On allait l'attacher. Lui enfoncer des épingles ou des électrodes dans le corps ! Jamais il ne pourrait le supporter ! Il allait mourir...
Le Toyota accéléra. D'énormes chalets aux toits couverts de statues de dieux protecteurs sortirent de la pénombre. Plus bas, le lac miroitait. Ses pédalos en forme de cygne avaient été alignés contre un ponton désert. Les kiosques-pagodes ressemblaient à des jouets oubliés. Les habitants de Hoa dormaient-ils tous ? Ou bien avaient-ils déjà fui ? Où étaient les soldats de l'homme-tigre ?
Anh s'engagea sur la petite route qui conduisait à la demeure De Vries.
Les muscles de Charlie devinrent aussi durs que du bois. La torture l'attendait !

La maison était éclairée comme si un bal y était donné. Des hommes en armes montaient la garde. Anh leur

fit un signe. Ils laissèrent passer le Toyota. Le cœur de Charlie battait la chamade. Le véhicule se gara devant le perron. La jeune femme descendit, fit le tour du 4×4 et ouvrit la portière de Charlie.
– Viens.
– Non.
– Ne m'oblige pas à appeler l'un de ces hommes.
Elle le tira violemment par la manche. Charlie bascula, se dégagea et se mit debout.
– Avance !
Le ton d'Anh était dur et froid.
Elle le poussa devant elle. Elle sortit son poignard et lui piqua le dos. Ils entrèrent. Charlie s'immobilisa, cloué par la stupeur.
Une tornade avait dû dévaster l'intérieur du bâtiment. Chaque meuble était renversé et ouvert. Les tableaux avaient été arrachés des murs. Ils gisaient sur le sol, crevés, défoncés, leurs cadres dorés pulvérisés. Des tentures s'entassaient au milieu des débris.
Quang apparut en haut de l'escalier de marbre.
Il était en treillis militaire, un lourd pistolet passé à sa ceinture.
– Emmène-le ! commanda Anh en désignant Charlie.
Les yeux verts de Quang se fixèrent sur le garçon. « Ce n'est pas lui, l'homme-tigre, pensa Charlie. Anh ne lui donnerait pas des ordres. » Charlie frissonna. Quang était chargé de le torturer !
Anh les quitta. Le Dalais saisit Charlie par l'épaule et le poussa.
– Je n'ai rien fait ! gémit l'adolescent. Je ne sais rien.

Tout à l'heure vous aviez pitié de moi, laissez-moi partir.
Quang grommela dans sa langue natale. Il ouvrit une porte. C'était la chambre d'Horace.
Là aussi tout était sens dessus dessous. Des morceaux de miroirs jonchaient le lit déchiré. Les coussins ouverts vomissaient leurs plumes. Au milieu de la pièce, un homme en sang était attaché sur une chaise.
C'était Tchenekoff, l'ami russe d'Horace !

Il releva la tête. Une balafre lui barrait la joue. Son visage était ensanglanté.
Quang redressa une seconde chaise sans jeter un regard au premier prisonnier. Il y installa Charlie et le ligota d'une main experte. Il sortit ensuite de la pièce en laissant la porte ouverte. Un soldat ngom se posta à l'entrée, mitraillette sous le bras.
– Ils t'ont pris, toi aussi..., dit Tchenekoff.
– Qu'est-ce qu'ils vont me faire ?
– Tu leur diras bien quelque chose. Tu es jeune. Ils te laisseront peut-être la vie.
Charlie n'osa pas regarder le visage blessé.
– J'ai un informateur ngom, murmura Tchenekoff. Il est venu me prévenir que De Vries venait d'être tué par un tigre. Les nouvelles vont vite, tu sais. Même à travers la forêt. Je me suis précipité ici, mais les révolutionnaires étaient déjà là !
Il se mit à rire doucement et poursuivit :
– Ces crétins sont en train de mettre la maison à sac pour trouver la cachette d'armes d'Horace. Ils sont

certains qu'elle est ici, ou alors, si elle n'y est pas, qu'il y a un plan, un indice laissé par De Vries. Ils vont te torturer toi aussi pour que tu avoues. Tu sais quelque chose ? Horace t'a parlé ?

Charlie fut tenté de répéter la mystérieuse parole lâchée par De Vries pendant la chasse. Quelle importance avait-elle, de toute façon ? Qui pouvait comprendre cette allusion à la « peau » d'Horace ? Cela ne voulait rien dire ! À quoi bon risquer sa vie pour garder un secret aussi obscur ?

Tchenekoff attendait.

Charlie secoua la tête. Sa petite voix intérieure l'empêchait de tout raconter. Il y avait peut-être des micros espions dans la pièce... Tchenekoff le fixait toujours et Charlie eut soudain une horrible impression. C'était l'homme-tigre qui se tenait à côté de lui ! Il jouait à la victime pour lui arracher ces informations !

Le garçon détourna son regard sur le désordre de la pièce. Il tremblait de tous ses membres. Il avait entendu la voix du monstre quand celui-ci se tenait au bas du cèdre, couvert de sa peau hideuse. C'était un autre homme ambitieux, un autre homme de pouvoir : Tchenekoff ! Le riche habitant de Hoa qui avait la mainmise sur l'administration.

– Que sais-tu ? reprit Tchenekoff.

Charlie baissa les yeux et vit une peau tannée de tigre qui avait été projetée contre une commode éventrée. Son sang se figea dans ses veines.

C'était la dernière vision qu'il avait d'Horace De Vries dans sa maison. Le gros homme se tenait dans cette chambre, en tenue de commando, excité par la perspective de la chasse. Sa botte frappait cette peau étalée par terre.

La peau d'un tigre !

La peau de la chambre d'Horace !

« Sous sa peau ! »

31

Charlie se força à ne pas regarder plus longtemps la peau tannée. L'explication devait se trouver là. Bien sûr, la peau ne cachait pas l'entrée d'un local creusé dans le plancher, mais elle devait contenir le secret d'Horace. C'était la seule solution possible ! Au plus profond de lui, Charlie était certain que la solution du fameux secret était là.

Comme il aurait voulu avoir les mains libres pour se précipiter vers l'objet !

Au lieu de cela, il devait attendre que l'on vienne le torturer.

Le Russe avait le menton posé sur la poitrine :

– Si tu sais quelque chose, fais attention ! murmura-t-il.

– Je ne sais rien, mentit Charlie.

– Tu es un garçon courageux. Tu t'es déjà montré très brave. Mais là, ce sera atroce. Ils vont employer les grands moyens... C'est une bombe atomique, tu com-

prends. Tu te rends compte de ce que cela veut dire ?
– Oui.
– Des milliers de morts. Des millions peut-être ! Nous savons tous qu'Horace possédait cette bombe parmi d'autres armes.
Charlie détesta la lueur qu'il vit briller dans les yeux de Tchenekoff.
« J'ai compris ta manœuvre, pensa-t-il. Tu es aussi fou qu'Horace ! »
Mais Charlie se trompait. Car, à cet instant, une silhouette apparut dans l'encadrement de la porte.
L'homme-tigre !

32

L'homme-tigre regarda ses deux victimes, puis referma la porte derrière lui d'un coup de talon :
– Tu n'as rien voulu avouer à Anh, dit-il à Charlie, mais tu parleras avec moi.
Charlie écarquilla les yeux d'épouvante.
« Je vais tout avouer, pensa Charlie avec terreur. La peau de bête est à portée de main. Il pourra vérifier immédiatement si elle contient un plan, un code ou d'autres indices. Pourvu que je ne me trompe pas ! »
Mais quand il vit les yeux cruels qui le scrutaient, Charlie se dit qu'à cause de son aveu des milliers de gens allaient mourir. Il tenait le sort d'un pays entre ses mains !
– Il ne sait rien, dit Tchenekoff.
– Tais-toi ! jeta l'homme-tigre.
– Je croyais qu'il fallait parler. C'est pour cela que nous sommes là, non ?
Charlie fut estomaqué de voir le courage de

Tchenekoff. Il s'était redressé sur sa chaise et affrontait l'homme-tigre du regard.

– Tu n'es pas satisfait ? Tu l'as, ta victoire, reprit Tchnenekoff. Laisse partir le gamin.

L'homme-tigre s'approcha du Russe et promena un scalpel sur sa gorge.

– Je m'occuperai de toi ensuite, Tchenekoff. Tu appelleras la mort à grands cris pour qu'elle te délivre.

La cagoule noire du tortionnaire ne laissait apparaître que ses yeux. La tête de la peau de tigre dont il s'était couvert semblait greffée sur lui. C'était une vision terrifiante.

– Tu peux ôter ton déguisement ridicule, répondit Tchenekoff d'un ton froid. Je sais qui tu es !

– Tu vas mourir.

Charlie remua sur sa chaise. Cette voix ! Il la reconnaissait maintenant. Il l'avait entendue, à son arrivée dans la maison De Vries ! Et cette méchante lueur qui brillait dans ces yeux !

C'était Liu, l'un des puissants amis d'Horace.

Celui qui commandait le commerce !

L'homme-tigre appuya le scalpel sur la gorge de Tchenekoff :

– Les Ngoms doivent prendre le pouvoir, gronda-t-il.

– Et toi, tu commandes les Ngoms !

– Nous aurions pu partager cette puissance avec Horace si ce crétin ne s'était pas montré aussi obstiné avec sa bombe.

– Tu ne l'auras pas. Tu peux abattre tous les murs de

cette maison maudite, tu ne trouveras rien, crois-moi.
Tchenekoff fixa Liu. Il semblait vouloir l'hypnotiser.
Charlie, la gorge sèche, vit quelque chose bouger derrière la chaise du Russe.
C'était sa main ! Tchenekoff avait réussi à se libérer ! Il parlait pour détourner l'attention de Liu. Sa main descendit le long de sa cheville et leva lentement le bas de son pantalon.
– Je pourrais te tuer tout de suite, disait l'homme-tigre. Mais je veux prendre mon temps. Toi aussi, tu as des choses à me dire.
– C'est ce qu'on verra !
La main du prisonnier sortit vivement un minuscule pistolet d'un étui caché dans sa chaussette. Le bras armé se dressa. Liu recula. Tchenekoff enfonça l'arme dans la poitrine de l'homme-tigre et tira deux fois.
Les détonations furent étouffées par le corps et les vêtements. Liu se rejeta en arrière, les yeux dilatés par la douleur. Une horrible grimace déforma sa bouche. Il chancela, brandit son scalpel et s'écroula sur Tchenekoff en lui plantant l'instrument dans le corps.

33

Charlie ne pouvait pas bouger de sa chaise. Il espérait que Tchenekoff fût toujours en vie !
Le Russe haleta. Il repoussa le corps de Liu qui s'effondra sur le parquet. Le visage de Tchenekoff était luisant de sueur et de sang. Il ouvrit les yeux et gémit. Avec sa main valide, il parvint à arracher le scalpel planté dans sa poitrine.
Le Russe tremblait tellement que Charlie crut qu'il allait mourir devant lui. Mais l'homme avait une force incroyable. Il dirigea le scalpel vers le dos de sa chaise et parvint à couper les liens qui lui immobilisaient l'autre main.
Il tomba à genoux, s'appuya sur la chaise de Charlie et le délivra à son tour. Le garçon se leva aussitôt.
– Il faut s'enfuir par la fenêtre, dit-il. Nous sommes au rez-de-chaussée. Vite ! Les Ngoms peuvent entrer d'un moment à l'autre !
Il empoigna le Russe sous le bras et le força à se

redresser. Il l'entraîna vers la fenêtre qui donnait sur le jardin et les montagnes. Charlie l'ouvrit. Ils entendirent à cet instant les bruits du saccage qui continuait dans la maison. Des meubles passaient par les fenêtres et allaient s'écraser sur le sol. Tchenekoff s'élança, sauta sur une plate-bande et s'accroupit derrière un buisson. Charlie voulut le suivre, mais quelque chose le retint soudain.

– Viens ! dit Tchenekoff. Qu'est-ce que tu fais ?

Charlie fit volte-face et se précipita à travers la pièce. Il n'avait pas le temps d'examiner la peau du tigre, mais il voulait l'emmener. Il avait trop peur que les soldats de l'homme-tigre découvrent l'indice laissé par De Vries.

Il roula la peau. Elle était lourde et encombrante. Charlie ne savait pas s'il aurait la force de la porter longtemps. Il courut vers la fenêtre, sauta par-dessus le rebord et rejoignit Tchenekoff, qui se pressait la poitrine.

– Qu'est-ce que c'est ? eut-il la force de demander.

– C'est un souvenir d'Horace, répondit Charlie.

– Ce n'est pas le moment..., commença l'homme.

Une violente douleur lui coupa la respiration. Il se plia en deux tandis que du sang emplissait sa bouche. Il cracha.

Charlie préféra détourner les yeux. Il se tordit le cou pour tenter d'apercevoir s'il y avait des gardes. La forêt se dressait au-delà du vaste jardin. Sur la droite, un muret de pierre donnait sur un précipice. Une armoire se disloqua dans un fracas épouvantable à

moins de trois mètres de l'endroit où ils se tenaient.
– Où faut-il aller ? demanda Charlie.
– Chez moi, gémit Tchenekoff. Ce n'est pas loin, juste sous le chalet. Passons par le muret.
– Nous allons tomber dans le ravin !
– Il n'y a pas d'autre solution.
Tchenekoff s'élança, suivi de Charlie chargé de sa peau. Ils traversèrent le jardin sans voir le moindre soldat, enjambèrent le muret et s'accroupirent au sommet d'une descente abrupte.
– Nous ne passerons jamais par là ! chuchota Charlie.
Il commençait à paniquer. La peau pesait lourd sur son épaule et Tchenekoff était grièvement blessé.
Le Russe s'accrocha à un buisson et entama la descente. Charlie le suivit.
Leurs pieds cherchaient les appuis tandis que leurs mains s'agrippaient à ce qu'ils trouvaient. Des pierres roulèrent sous les chaussures de Charlie et dévalèrent la pente en cascade. Il traînait la peau du tigre. Plusieurs fois, il crut qu'il allait chuter avec elle et bouler jusqu'en bas.
Tchenekoff avait le souffle court. Pour ne pas risquer de tomber, il s'assit et glissa sur les fesses en se retenant comme il pouvait.
Charlie distingua enfin le toit d'un autre vaste chalet. La vue sur les montagnes était grandiose. Une lueur bleu clair commençait à émerger derrière les crêtes. Le jour se levait ! Il fallait faire vite !
L'un des gardes était-il déjà entré dans la chambre de torture ?

Charlie s'allongea sur le sol et pressa la joue contre la peau du tigre. Tchenekoff arriva à sa hauteur.
– Nous voilà arrivés, dit-il d'une voix cassée par la douleur.
– Nous ne pourrons pas leur échapper, répondit Charlie, les larmes aux yeux. Ils sont trop nombreux. Ils vont nous chercher, nous tirer dessus. Ils vont bloquer les routes. Nous ne pourrons jamais passer avec votre voiture.
– Qui te parle de voiture ? lança Tchenekoff. J'ai quelque chose de mieux ! Avance. Tu nous ralentis.
Était-ce possible ? Quelque chose de mieux qu'une voiture ?
Charlie reprit espoir.

34

– Il est là ! indiqua Tchenekoff en désignant une gigantesque forme couverte d'un filet de camouflage militaire. Vas-y. Il faut que je conserve des forces. Décroche les tendeurs et tire la bâche.

Charlie abandonna sa peau de tigre et se précipita vers les tendeurs. Il les fit sauter les uns après les autres et tira de toutes ses forces sur le filet qui glissa jusqu'à lui.

Un hélicoptère apparut !

Charlie traîna la lourde bâche sur le côté. Tchenekoff ouvrit la cabine et s'installa sur le fauteuil. Il se pencha sur le tableau de bord, les yeux fermés, tandis que Charlie coinçait la peau de tigre derrière lui et prenait place sur l'autre siège.

– Ça va ? s'inquiéta le garçon en voyant l'attitude du Russe.

Tchenekoff se redressa. Il tourna la clé et les pales de l'appareil se mirent à tourner de plus en plus vite en

chassant les feuilles des arbres. Les vibrations devinrent infernales. Charlie crut que l'appareil allait tomber en morceaux. Mais malgré sa peinture écaillée, l'hélicoptère fonctionnait encore. Sous la main experte de Tchenekoff, il bascula en avant, puis en arrière et s'éleva dans les airs.
Victoire !

L'hélicoptère décrivit un cercle autour de la maison de Tchenekoff avant de s'élever encore. Charlie aperçut les soldats qui avaient envahi le jardin du chalet De Vries. Ils gesticulèrent en désignant l'appareil. Certains épaulèrent leur mitraillette.
Charlie se tassa sur son siège.
– Ils nous tirent dessus ! hurla-t-il.
Une balle ricocha sur le cockpit et le verre bombé s'étoila. Tchenekoff était blanc comme un linge, les yeux dilatés, les traits sculptés par la douleur qui lui dévorait la poitrine. L'hélicoptère monta encore, puis vira brusquement sur le côté.
Charlie fut précipité contre la vitre. Il n'avait pas eu le temps d'attacher sa ceinture. Le ciel bascula. Il se crut perdu. Jamais Tchenekoff n'aurait la force de redresser l'appareil !
Mais l'hélicoptère échappa aux tirs pour tomber dans le vide !
Hoa apparut. Ils descendirent dans la vallée, plongeant toujours. C'était comme un énorme trou noir.
Hoa disparut.
Soudain ce furent les champs du bas de la vallée. Une

rivière y serpentait comme un ruban d'argent.
L'hélicoptère pencha encore.
Ils étaient perdus ! L'appareil était totalement déstabilisé. Il faillit se retourner.
Charlie hurla.

35

Les doigts de Tchenekoff blanchirent sur le levier. L'homme non plus n'avait pas attaché sa ceinture. Son corps s'appuyait sur celui de Charlie. Si l'appareil se mettait à l'envers, ils étaient fichus !

Le Russe tira sur le levier, les aiguilles des cadrans se mirent à tourner, les ronflements du rotor et du vent changèrent d'intensité. L'homme et l'adolescent furent précipités sur la gauche. L'hélicoptère tangua, se stabilisa, remonta et s'élança au-dessus de la plaine.

– Ça y est ! cria Charlie. Nous sommes passés ! Nous sommes passés !

– J'ai été pilote de chasse dans l'ancienne URSS, dit Tchenekoff. Je n'ai pas perdu la main.

Ils se regardèrent. Pour la première fois, Charlie vit l'homme sourire ; puis une nouvelle grimace le défigura.

– Votre veste est trempée de sang ! s'exclama Charlie.

– Ce n'est rien !

– Il faut se poser et chercher des secours.
– Nous n'avons pas le temps ! Je ne veux pas retomber entre leurs pattes.
L'hélicoptère fonça vers l'aube naissante.
– Où allons-nous ? demanda Charlie.
– À Tay Dec, la capitale...
Charlie se tassa dans son fauteuil.
– Tay Dec ! Mais il ne faut pas ! Je viens de là-bas avec mes parents. Les Ngoms y sont déjà. Ils ont tué un couple de voisins et organisé des attentats.
– Fais-moi confiance. J'ai de bonnes informations. L'aéroport a été dégagé et un avion-cargo de la Croix-Rouge va évacuer un groupe ce matin.
Un avion de la Croix-Rouge !
Charlie faillit hurler de colère. Pourquoi son père les avait-il entraînés, sa mère et lui, dans cette aventure mortelle vers Hoa ? Pourquoi Jacques avait-il cru Horace De Vries ? Si les Vandamme avaient eu la prudence de rester dans la capitale, ils seraient sans doute à l'aéroport, vivants, à attendre cet avion sauveur !
Charlie serra les poings.
Il se rendit alors compte que Tchenekoff cherchait à boucler sa ceinture. Il l'aida, puis lui posa casque et écouteurs sur les oreilles. Mais le pilote se garda bien de brancher sa radio. Il avait trop peur que ses messages soient entendus et qu'il se fasse détruire en plein ciel par un missile.
En se tournant pour chercher sa ceinture, Charlie vit que la peau de tigre s'était déroulée derrière son fau-

teuil. Il l'examina.
Il n'y avait rien ! Aucune trace ! Il s'était trompé. L'explication était ailleurs ! Quand il avait mentionné sa « peau », Horace ne parlait pas de celle-ci.
Charlie la laissa tomber et promena négligemment les doigts dans l'épaisse fourrure. En dégageant les poils du cou, il vit alors un trait bleu. Son cœur sauta dans sa poitrine.
Il avait trouvé ! La peau était tatouée sous les poils ! C'était un plan, des mots, des indications de position. La cache de la bombe atomique !
Charlie se mordit les lèvres, abandonna la peau et saisit la boucle de sa ceinture.
En pivotant sur son siège, il regarda le grand rétroviseur intérieur de l'appareil. Les yeux de Tchenekoff étaient braqués sur lui et avaient suivi son manège.
– C'est donc pour cela que tu as emmené cette peau ? murmura l'homme.

36

Charlie joua l'innocent :

– Je veux la garder comme souvenir. C'est idiot, je le sais, mais j'ai vécu des...

– Ne mens pas. Ainsi, Horace t'avait parlé ! Tu savais où se trouvait le plan de sa cachette !

– Non.

– Menteur ! Il est sur cette peau de tigre. J'en suis certain !

– Quand nous passerons au-dessus d'une rivière, déclara Charlie, je la balancerai à l'eau. Comme ça, personne ne la retrouvera !

– Je ne crois pas que ce soit une bonne idée. Si tu l'as emmenée, c'est que tu voulais la sauver, non ?

– Je... je ne voulais pas qu'elle tombe entre les mains de l'homme-tigre. En fait, je ne veux pas que quelqu'un découvre ce plan. Personne ne doit savoir où se trouve la cachette d'Horace. Je veux sauver les gens de cette maudite bombe atomique!

Tchenekoff ricana. Penché sur son tableau de bord, il avait du mal à rester dans la même position. L'hélicoptère obliqua et commença à survoler un fleuve vert jade. Charlie tira sur sa portière pour l'ouvrir :
– Non ! vociféra Tchenekoff. Qu'est-ce que tu fais ?
– Je vais jeter la peau !
Le pilote fit aussitôt pencher l'appareil de l'autre côté, mais Charlie se cramponna et tira la peau de tigre contre lui.
– Je dois la jeter ! cria-t-il, les cheveux dans les yeux. C'est la seule solution.
– Si tu fais cette bêtise, tu es mort.
Charlie fit volte-face. Le méchant petit pistolet venait de réapparaître dans la main du Russe, et il était braqué sur lui !
Le garçon bégaya :
– Mais... mais vous disiez à Liu... Vous étiez d'accord avec moi. Cette bombe atomique, c'est l'enfer.
– Je n'étais pas blessé alors. Je ne savais pas que je m'enfuirais de cette façon. Maintenant tout a changé, mon vieux. J'ai besoin de ce plan !
– C'est l'argent qui vous intéresse ! Rien d'autre ne compte pour vous ?
Tchenekoff ricana :
– Disons que c'est mon mauvais fond qui remonte. Ce plan, je vais le vendre. Il m'assurera une nouvelle vie, à l'abri du besoin. Il faut que je pense à ma retraite.
– Vous êtes fou !
– Je suis réaliste. Écoute, c'est le prix à payer. Je t'ai sauvé la vie. Sans moi, tu serais mort à l'heure

actuelle. C'est grâce à moi que tu as pu t'enfuir. Cette peau de tigre est ta dette. Elle est à moi maintenant. Nous sommes quittes. Ferme donc cette porte !
Charlie sentit le pistolet s'enfoncer dans ses côtes. Ce type était dément ! Il était sûr que le Russe n'hésiterait pas à appuyer sur la détente s'il n'obéissait pas.
Charlie claqua sa porte. Il repoussa la peau derrière lui et ferma les yeux. Tchenekoff laissa échapper un petit rire :
– Ce sont des histoires d'adultes, dit-il. Toi, tu n'y comprends rien.

Ils volèrent longtemps. Le Mékong, les rizières, des forêts, les serpentins jaunes des routes, les toits en paille de riz des villages apparaissaient dans le jour nouveau. Tchenekoff maintenait le cap sur Tay Dec. De temps en temps, sa main se crispait sur son levier. Au moment où l'appareil suivait un bras de rivière, les pieds de Charlie dérapèrent. Il baissa les yeux et vit qu'une flaque noire s'étendait autour de ses chaussures.
Du sang ! Le liquide poisseux coulait le long de la jambe du pilote :
– Vous ne tiendrez pas le coup, lança Charlie. La blessure que vous a faite l'homme-tigre est plus profonde que vous le pensez. Vous saignez encore ! Vous allez mourir, vidé de votre sang.
– Laisse-moi tranquille.
– Il faut nous poser. Je vous ferai un point de compression.

– Tu te débarrasseras plutôt de cette peau.
– Ce n'est pas vrai !
– À quoi me servira un point de compression ? Nous serons perdus dans la campagne, et je crèverai comme un chien avant que des secours, s'il y en a, arrivent ! Regarde plutôt là-bas, c'est Tay Dec !
Charlie vit à cet instant la ville émerger d'une brume de chaleur.
Ils arrivaient !
Il fallait détruire la peau au plus vite.

37

L'hélicoptère survola les premiers quartiers de la capitale. La radio grésilla. Les doigts impatients du pilote débranchèrent des fils électriques. Charlie respira à petits coups, la gorge serrée

Pourquoi sa famille avait-elle quitté cette ville ? Il y revenait seul, orphelin, et marqué par la douleur de la mort.

Soudain, il vit qu'un filet de sang s'échappait de la bouche de Tchenekoff. Les paupières de l'homme battirent plusieurs fois, ses yeux se révulsèrent. Il rassemblait ses dernières forces pour atteindre l'aéroport. Charlie distingua bientôt les surfaces grises des pistes d'atterrissage. Elles étaient désertes.

Un énorme avion-cargo blanc marqué d'une grosse croix rouge était garé au loin devant les bâtiments de l'aéroport.

– Tu vois, dit le Russe. J'avais raison. L'avion est là. L'avion de la vie ! Charlie ne le quitta pas des yeux.

L'hélicoptère oscilla. Il franchissait un grand lac. Le garçon décida de jouer sa dernière chance.
Il ouvrit rageusement sa portière et poussa la peau de tigre dans le vide. Mais le vent la plaqua contre la carlingue et le pilote bascula aussitôt sur le côté pour l'empêcher de tomber.
De son bras droit, Tchenekoff donna un coup de crosse sur la tempe de Charlie. Celui-ci vit des centaines d'étoiles s'allumer devant ses yeux. S'il n'avait pas été attaché, il serait passé par-dessus bord ! La peau de tigre lui couvrit le corps. Il se débattit. Tchenekoff attrapa la peau et la tira vers lui.
L'hélicoptère se renversa. Charlie vit la surface grise du sol se rapprocher dangereusement. Il cria à pleins poumons, mais le Russe ne l'écoutait pas. Il avait lâché ses leviers pour serrer la peau contre lui. Quand la tête de Tchenekoff émergea de la fourrure rayée, il était trop tard pour redresser l'appareil.
L'hélicoptère se mit en vrille et piqua du nez.
La terre se rapprochait à une vitesse fulgurante. L'appareil heurta le macadam, rebondit et s'écrasa en bout de piste. Le cockpit éclata dans un fracas infernal. Le siège de Charlie se décrocha et partit comme une bombe. L'air balaya le visage du garçon dans un hurlement aigu. Son siège frappa le sol et glissa sur plusieurs mètres. Toujours attaché avec sa ceinture, Charlie culbuta enfin dans l'herbe d'un talus.
Il n'avait pas perdu conscience. Que s'était-il passé ? La seconde d'avant il se trouvait dans le ciel, et maintenant il était là, violemment éjecté après l'accident !

Charlie voulait bouger, mais ne pouvait pas remuer un seul membre. Il aperçut la carcasse disloquée de l'hélicoptère dont on ne reconnaissait que la queue, plantée perpendiculairement à la piste d'atterrissage. Une explosion retentit. Puis des flammes embrasèrent l'engin.
LE FEU !
Une nouvelle fois, la mort se déchaînait devant Charlie, brûlant son sauveur et la peau du tigre.

Épilogue

Charlie fut transporté dans les bâtiments de l'aéroport tandis que des équipes de pompiers tentaient d'éteindre les flammes dévorant l'épave de l'hélicoptère.

– Éjecté ! Il a eu une chance incroyable ! entendit Charlie.

Maintenant, il était couché sur une civière au milieu d'une foule énervée qui parlait toutes les langues. L'écho de cris et d'appels montait vers les voûtes du hall d'embarquement.

Il y avait des centaines de réfugiés.

Un médecin passa près de Charlie.

– Je veux monter dans l'avion de la Croix-Rouge, dit le garçon.

C'était son cri d'espoir. Il donna son nom. Le docteur fronça les sourcils.

– Tu étais dans le dernier convoi d'Hoa ? Comment as-tu fait pour revenir ? Les autres sont arrivés au milieu de la nuit dans les deux véhicules militaires.

Les autres ? Charlie se dressa sur sa civière. Il agrippa le médecin par les revers de sa blouse :
– Les autres ? Vous avez dit les autres ? Il y a donc des survivants ? Moi, j'étais dans le car qui est passé avec un fourgon chinois. Nous sommes allés jusqu'à Hoa !
– Hoa ! s'exclama le docteur. Mais toutes les communications sont coupées avec Hoa. Les Ngoms se sont emparés de la ville.
– J'étais dans l'hélicoptère qui vient de s'écraser ici. Je vous en prie, dites-moi si mes parents étaient parmi les survivants amenés par les camions militaires !
– Je ne sais pas...
– Un seul ! Est-ce qu'il y en avait un seul ? Mon père s'appelle Jacques Vandamme et ma mère, Brigitte. Je vous en prie...
– Je ne peux pas te répondre, mon garçon. Je n'ai pas la liste et je ne connais aucun nom. C'est la panique ici et il faut que je m'occupe de beaucoup de personnes...
– Nous étions les seuls Européens du convoi ! Nous étions les seuls, vous entendez ?
– Je vais me renseigner, dit le docteur en s'écartant de la civière.
– NON ! Je sais que vous ne reviendrez pas !
Le médecin s'éloigna, circulant entre les groupes de gens aux regards vides.
Charlie se leva de sa couche. Ses jambes étaient comme des bâtons. Il marchait du pas saccadé d'un robot. Tout son corps tremblait de douleur. Il tomba sur deux femmes, se redressa et reprit sa marche difficile.

Dans la cohue, personne ne s'occupait de lui. Il gagna l'une des portes vitrées et sortit sur le terre-plein qui précédait la piste. L'avion-cargo de la Croix-Rouge était garé à une cinquantaine de mètres, l'arrière était relevé pour accueillir son chargement d'hommes et de femmes. Charlie chancela entre les équipes médicales. Une infirmière l'arrêta avant qu'il ne grimpe sur le plan incliné qui menait dans l'avion.

– Où vas-tu ?

– Je suis Charlie Vandamme. Je reviens de Hoa. Mes parents sont peut-être parmi les survivants d'un convoi. C'étaient les seuls Européens. Vous les avez vus ?

L'infirmière se mordit les lèvres :

– Tu es dans un sale état. Viens par là.

Elle le fit monter dans l'immense carlingue. Des civières avaient été installées un peu partout. Charlie chancela sur le seuil. La femme le retint par le bras.

– Il y a peu de rescapés, dit-elle.

À l'intérieur de l'avion-cargo, les ampoules vertes diffusaient une faible lumière. Il fallut que les yeux de Charlie s'y habituent après la clarté du jour. Il avança entre des gens hagards, cramponnés à leurs valises. Des corps remuaient sur les civières.

Soudain Charlie vit une femme blonde, habillée à l'orientale. Elle tenait la main d'un homme allongé. C'était eux !

FIN

EXTRAIT

Et pour t'aventurer encore dans
l'univers obscur du

POLAR GOTHIQUE

lis

ces quelques pages de

DU FEU POUR
LA SALAMANDRE

N° 409 de la série

EXTRAIT

Le week-end précédent, Lucie avait déjà été réveillée par des sons étranges. Mais elle n'y avait pas fait attention. Les vieilles maisons sont souvent pleines de sinistres bruits : craquements de boiseries et de parquets, claquements de portes et de fenêtres, échos de pas ou de voix se transmettant par les conduits de cheminées.

Cette fois, Lucie voulait en avoir le cœur net. Qui pouvait bien se trouver dans le grenier à une heure pareille, alors que personne n'y allait jamais ?

Elle tendit l'oreille. Des chocs étouffés lui parvinrent, comme si l'on déplaçait des objets.

Lucie pensa d'abord à réveiller sa mère. Elle rejeta aussitôt cette idée. Quant à la bonne, cela prendrait trop de temps d'aller la chercher, elle dormait à l'autre bout du château.

Un long raclement avertit Lucie qu'on poussait à présent un meuble plus volumineux. C'était une malle peut-être ? Il y en avait plusieurs dans le grenier. Il fallait qu'elle aille voir.

Elle traversa sa chambre et appuya doucement sur la poignée de la porte. Dans le couloir, les rideaux d'une fenêtre mal fermée frémissaient, s'agitant comme un fantôme. Elle connaissait bien ce long corridor qui s'étirait dans les ténèbres jusqu'à l'autre aile du château. Une armure Renaissance se dressait à mi-chemin, sous un immense tableau représentant François Ier lors de la réception du roi d'Angleterre, Henry VIII, au Camp du Drap d'or.

Lucie avança. En passant devant l'armure ornée de motifs dorés, elle heurta la masse glacée de l'acier.

Au bout du couloir, un escalier de service menait au grenier. Lucie l'emprunta. Les marches de fer débouchaient sur un palier. Trois portes s'y trouvaient. Lucie poussa celle de droite, qui était entrebâillée. Une odeur de moisi lui piqua les narines.

Cette partie s'étendait jusqu'à sa chambre. On y entreposait les livres, les tableaux, toutes sortes de gravures, papiers divers, vieux vêtements dont on ne voulait plus.

Lucie entra, retenant son souffle.

Machinalement, sa main se posa sur l'interrupteur. Mais elle suspendit son geste.

Elle venait de distinguer une ombre qui se profilait sur les poutres. Là-bas ! Il y avait quelqu'un ! Une silhouette noire, courbée, se déplaçant à pas feutré...

EXTRAIT

• • •

Lucie se figea sur place. Devait-elle appeler ? Faire demi-tour ? Qui pouvait bien s'amuser à remuer la poussière au beau milieu de la nuit ?
Elle aurait dû courir prévenir Jeanne. Cette cuisinière n'avait peur de rien. Mais Lucie craignait de se rendre ridicule. Il y avait sûrement une explication toute simple à ce mystère.
Une lueur balaya les couvercles arrondis des malles. L'individu tenait une lampe de poche qu'il posait à côté de lui au fur et à mesure qu'il progressait dans ses recherches. Il ouvrit un nouveau coffre. Ses mains gantées, impatientes, fouillèrent l'intérieur et en sortirent des dossiers et des liasses de factures. Une fois examinés, les papiers furent remis en place, le couvercle rabattu. Un autre fut relevé.
Lucie avança.
Elle devait passer entre deux anciennes bibliothèques d'acajou remplies de livres. L'adolescente se déplaçait à petits pas prudents pour ne pas faire craquer le plan-

cher. Accroupie devant un coffre, la silhouette consultait un cahier de dessins à la lumière tremblante de sa lampe-torche. Puis le carnet vola sur le côté. Les mains s'emparèrent d'une nouvelle pile.

Lucie s'approcha encore. Qui cela pouvait-il être ?

Elle entendit la respiration sifflante du visiteur. Il était vêtu d'une robe de chambre largement ouverte sur les côtés dont la soie noire luisait comme de l'encre de Chine. Sa tête restait dans l'ombre.

Lucie heurta un rouleau de papier qui traînait sur le sol.

L'inconnu tressaillit, saisit la torche électrique et braqua le faisceau lumineux sur l'adolescente.

Elle cligna des yeux :

– Baissez votre lampe. Vous m'aveuglez ! lança-t-elle.

Le faisceau ne se détourna pas. Lucie mit sa main en visière pour tenter d'apercevoir l'individu qui se relevait lentement.

– Qui êtes-vous ? Que cherchez-vous ici ? demanda-t-elle.

Pas de réponse.

Lucie fit un pas en arrière. Elle avait été idiote de monter dans le grenier sans prévenir personne !

Le tissu de la robe de chambre miroita légèrement.

L'inconnu se jeta sur l'adolescente. Elle tenta de se dégager de l'étreinte furieuse de son agresseur. Mais celui-ci leva la lampe-torche et l'abattit sur sa nuque.

Lucie s'écroula.

POLAR GOTHIQUE
PASSION DE LIRE

LA MALÉDICTION DE LA LICORNE
SOUS L'ŒIL DU CYCLOPE
L'EMPREINTE DU DRAGON
LA MENACE DU MINOTAURE
DANS LES GRIFFES DU SPHINX
LE SECRET DE LA SIRÈNE
LA COLÈRE DU PUMA INCA
LA FLÈCHE DU CENTAURE
DU FEU POUR LA SALAMANDRE
LES CROCS DE L'HOMME-TIGRE

Impression réalisée sur CAMERON
par BRODARD ET TAUPIN
La Flèche
en avril 1998

Imprimé en France
Dépôt légal : septembre 1998
N° d'Éditeur : 3952 – N° d'impression : 1007U-5